DIE BÜHRLE SAGA

Festschrift für einen Waffenindustriellen, der zum selbstlosen Kunstmäzen wurde

LIMMAT VERLAG
ZÜRICH

VORWORT
EINE UNBESTELLTE GABE

S E NON È VERO, È BEN TROVATO», RAUNTE DER KONZERNHERR IN DER JUBILÄUMSANSPRACHE. Aus der alten Zeit sei zu wenig verbürgt überliefert für eine *«mit Akribie verfasste Firmengeschichte»*. Das sei, fügte Dieter Bührle vieldeutig hinzu, *«vielleicht symptomatisch»*. Dieser Symptomatik auf den Zahn zu fühlen, war das Ziel der «Bührle Saga», die wir erstmals 1981 dem Rüstungsfabrikanten unbestellt auf den Gabentisch legten – dem Sohn zu Ehren seines Vaters.

Nicht, dass er das 75. Jubiläum der Kernfirma seines Oerlikon-Bührle-Konzerns nicht feiern wollte. In den Züspa-Hallen bewirtete Dr. D. Bührle achttausend Personen – mehr noch als Vater Emil Georg zum fünfzigsten Firmengeburtstagsfest. Eingeladen hatte er die ganze lokale Belegschaft mit Begleitung, natürlich nur ein Bruchteil der 37 000 Beschäftigten weltweit. Im modernen Oerlikoner Hotel «International», dem damals höchsten Gebäude der Stadt, empfing der Chef von *«Zürichs grösstem Betrieb»* separat dreihundert Mächtige aus Wirtschaft, Politik und Armee, während der gediegene «Storchen» im Stadtzentrum nichtsahnend einen Salon für die «Saga»-Buchvernissage freigab. Das Altstadt-Juwel an der Limmat, mit dem sich der Firmengründer 1938, kaum eingebürgert, ins Edelmilieu einkaufte, ist bis heute in Familienbesitz (ganz nach den neuen Grundsätzen der Nachhaltigkeit als «Raum für Entwicklung»).

Dass der Patron jedenfalls für akribische Nachforschungen keinen Bedarf sah, hatte nicht nur mit der *«wenig verbürgten»* Vorgeschichte seines Vaters zu tun. Es schien ihm wohl auch unangebracht, die eigene Bilanz mit Erinnerungen an illegale Exportgeschäfte und einen rufschädigenden Prozess zu trüben. Einen

Militärorden aus Südafrika nannte er, als dazu viele Jahre später Belege auftauchten, *«höchst privat»*. Für eine Jubiläumsschrift hätte die Verdienstmedaille der Apartheid-Regierung durchaus ein schönes Bild abgegeben. Doch der Kontrast zu den Pressebildern nach dem Urteilsspruch anno 1970 in Lausanne, wo damals die Bundesstrafkammer tagte, wäre dann doch zu provokativ gewesen.

Im «International», das nach Beobachtungen der «Neuen Zürcher Zeitung» von Zivilpolizisten *«schwer bewacht»* wurde, wünschte *Bundesrat Fritz Honegger* dem Konzern unentwegt *«recht viel Erfolg im nächsten Vierteljahrhundert»*. Es sollte anders kommen. 2006, beim Hundertjährigen, war der *Riese geschrumpft,* in viele Teile zerlegt, das Waffengeschäft dem deutschen Gegenspieler Rheinmetall ausgeliefert und das übrige Industriekonglomerat, das kurzzeitig als Unaxis firmierte, sah sich umschwärmt von wenig transparenten Finanz-Akteuren aus Österreich und Russland.

Für eine offizielle Festschrift bestand erst recht kein Anlass mehr. Im Jahr 99 der Firmengeschichte hatte die Familie ihren verbliebenen Industriebesitz grossteils versilbert. Zwar versicherte der Enkel des Gründers, Gratian Béla Anda, im April 2005: *«Die Familie bleibt Aktionärin.»* Doch die Durchhalteparole hielt nur noch ein paar Wochen. Andas Kehrtwende im Mai erinnerte an *«die Gelassenheit»,* mit der sein Grossvater 1940 die Kanonenbestellungen der Alliierten an Hitlers Deutschland umadressierte.

Heute ist der Name «Bührle» aus dem Wirtschaftsleben weitgehend eliminiert und nur noch in einem anderen gesellschaftlichen Sektor im Rampenlicht: in der Kunst. Im Herbst 2021 verlässt die «Sammlung Emil Bührle» ihre einsame Villa an der Stadtgrenze, um mit 203 weltbekannten Kunstwerken in den prunkvollen Erweiterungsbau des Zürcher Kunsthauses einzuziehen. Eine hundert Jahre alte Mäzenenleidenschaft – 1920 kaufte Bührles richtungsweisender Schwiegervater für das junge Paar zwei Heckel-Aquarelle – strebt einem Höhepunkt zu. Es erfüllt sich die Strategie eines frühen Ratgebers, dass *«Bührle-Zürich zu einem Wallfahrtsort der bildenden Kunst»* werden sollte, *«um den*

Namen Bührle für immer festzulegen». Dagegen ist der *«furor industrialis»*, den der Fabrikant und Sammler gerne vollmundig der besessenen Malerei van Goghs gleichstellte, inzwischen verblasst.

Zur Zeit der «Saga» stand Sohn Dieter Bührle industriell im Zenit. Nie hätte sich der Jurist mit Sportsgeist vorstellen können, dass seine eigene Schwester Hortense Anda-Bührle ihn nur zehn Jahre später aus der Holding-Zentrale verbannen sollte. Der Vater, der förmlich nur sich selbst rechenschaftspflichtig gewesen war, hatte gerne die *«Risikobereitschaft des Unternehmers»* zelebriert – dem Junior wurde sie zum Verhängnis. Als die Mauer in Berlin fiel, konnte der Konzernchef seinen Aktionären die Unsummen, die das Lenkwaffensystem «ADATS» in den Achtzigerjahren verschlungen hatte, immer weniger erklären. *«Mit Blick auf das entspannte West-Ost-Verhältnis»* müsse er nun *«reinen Wein»* einschenken, notierte die Finanzpresse 1990.

Für Kalte Krieger war Bührles Firma ein Fels in der Abwehrbereitschaft der Eidgenossenschaft gewesen. Bundesrat Honegger rief die Jubiläumsgäste dazu auf, *«eine klare Linie zu verfolgen, wie sie uns die Werkzeugmaschinenfabrik Oerlikon mit ihrer 75-jährigen Geschichte vorgelebt hat»*. Statt einer *«klaren Linie»* fand die «Saga» eher verdunkelte Wendemanöver – nicht nur der Waffenfirma, auch der offiziellen Schweiz! Noch für die Landesausstellung «Expo 64» in Lausanne symbolträchtig in Beton gegossen, wurde der *«wehrhafte Igel»* seit dem Aufbruch von 1968 immer mehr in Frage gestellt. Doch erst die Zeitenwende von 1989 und der internationale Druck früherer westlicher Verbündeter zwangen den Bundesrat zur Korrektur des Mythos von der uneinnehmbaren *«Festung Schweiz»*.

Das Schweizer Fernsehen filmte sowohl die VIP-Feier im «International» wie auch die Buchvernissage im «Storchen». Der «Blickpunkt»-Bericht über die beiden konträren Ereignisse wurde zum online abrufbaren Dokument der Sozialgeschichte. Im Dunstkreis des Waffenfabrikanten tummelten sich stramm gekleidete, meist ergraute Herren der Aktivdienstgeneration. Vor dem spätbarocken Werdmüller-Kachelofen des «Storchen» refe-

Firmenjubiläum 1981: Prominenz im Hotel International

Buchvernissage 1981: Autoren im Bührle-Hotel Storchen

rierten junge, bärtige Journalisten, deren Krawatten der geballten Prominenz im anderen Hotel ironisch Referenz erwiesen.

Ohne falsches Heldentum in den Raum zu stellen: 1981 war eine alternative Publikation zum führenden Schweizer Rüstungskonzern nicht nur ein publizistisches Wagnis, sondern auch ein persönliches Risiko. Es war keine Koketterie, dass die Autorin des Zwischenworts von Frau zu Frau ein Pseudonym wählte. Wenige Jahre zuvor war das private Schnüffelarchiv des *Subversivenjägers Ernst Cincera* aufgeflogen, der auch schon mal bei einem Arbeitgeber eines «Saga»-Autors intervenierte – allerdings vergeblich. Einem anderen Autor verweigerte der Zürcher Regierungsrat *Alfred Gilgen* noch Mitte der Achtzigerjahre eine Assistenzstelle an der Uni. Das Ausmass des Staatsschutzes flog erst auf, als der Geist des Kalten Krieges seine Dominanz verlor.

Ob Ernst Cincera an der Jubiläumsveranstaltung im Hotel «International» teilnahm, ist nicht bekannt, da er damals noch nicht im nationalen Parlament sass. Nachweislich durfte man dagegen auf die Präsenz des kurz zuvor in den Nationalrat gewählten *Christoph Blocher* zählen. Den Kanton Zürich vertrat Regierungspräsident Peter Wiederkehr, der *humorvoll* erwähnte, dass die Steuern des Konzerns ausreichten, um die ganze Strafanstalt Regensdorf zu finanzieren. Während die meisten Veteranen des Kalten Krieges inzwischen abgetreten sind – Dieter Bührle starb 2012 –, haben die «Saga»-Autorin und ihre Ko-Autoren seither munter weiter publiziert: Bücher, Zeitungsartikel, Filme, TV-Beiträge. Sie haben Preise dafür erhalten, sind in Redaktionsleitungen aufgestiegen, haben Bundesräte in der Öffentlichkeit vertreten (ja, zuweilen auch zum Thema Kriegsmaterialexport) und sogar die Beschaffung eines Kampfflugzeugs zählte zu ihrer Beratungskompetenz, wenn auch ohne Erfolg. Der von Cincera und Gilgen befürchtete *«68er-Marsch durch die Institutionen»* hat stattgefunden.

Stattgefunden hat auch die Durchforstung der Geschichte *«mit einer Akribie»*, wie es Dieter Bührle nicht für erstrebenswert gehalten hatte. In den Neunzigerjahren gab seine Schwester einem Exponenten der PR-Agentur Farner privilegierten Zugang zur

Rüstungssparte des Firmenarchivs, verzichtete aber zunächst auf eine Publikation, nur um Jahre später den Berichten der offiziellen Historikerkommission zuvorzukommen. Es brauchte das Machtwort des Bundesrates, damit die Akten den Forschenden der Unabhängigen Expertenkommission zugänglich gemacht wurden. Freilich waren da nicht mehr alle Unterlagen vorhanden, die 1942 stolz auf einem Foto der Firmenzeitung «Werkmitteilungen» der Werkzeugmaschinenfabrik Oerlikon gezeigt worden waren. Auch Archivbestände der Kunststiftung galten zunächst als *verschollen.* Erst als ein familienunabhängiger Stiftungsdirektor genauer hinsah, tauchten zahlreiche Bundesordner wieder auf – mit Kunsthandelsrechnungen, die seine Stiftungspräsidentin Hortense Anda-Bührle noch 2001 für vernichtet erklärt hatte. Aufmerksame Beobachtende fanden sie unverhofft in der Vitrine einer Ausstellung.

Im Licht neuer Forschungsergebnisse hat die «Bührle Saga» immer noch ihre Berechtigung. Viele Details sind später dazugekommen, die das Bild ergänzen: etwa ein expliziter Vertrag mit der deutschen Armee – eine Sache, die der Sohn des Gründers lieber als *«se non è vero, è ben trovato»* unter Verschluss gehalten hätte. Das von der Bergier-Kommission 2002 veröffentlichte Dokument aus dem Bührle-Archiv räumt auf mit der Gründungsmär, wonach der unerfahrene, in die Schweiz geschickte Pionier mit *zufällig* aufgestöberten Kanonenpatenten einer maroden Werkzeugmaschinenfabrik zu einem genialen Neustart verhalf. Emil Georg Bührles Chef in Deutschland verabredete sich 1924 mit der Heeresleitung in Berlin zur geheimen Weiterentwicklung der *«2 cm Kanone, System Becker, neuster Typ».* Die Firma rechnete mit der *«Zuweisung von Mitteln»* und versprach, die neusten Erkenntnisse den deutschen Auftraggebern zuerst anzubieten und Exporte nur nach Absprache zu tätigen. In diesem Sinne ist der Rüstungssektor Oerlikon-Contraves heute also wieder da, wo er ursprünglich herkam: in Deutschland.

Es bleibt die aussergewöhnliche *Saga,* wie eine Person der Zeitgeschichte Schöngeist und Soldatentum unter einen Hut brachte, die Wandlung vom Helfershelfer einer verdeckten Aufrüstung zu einem selbständigen Waffenschmied vollzog, in einer Phase kriegerischer Umwälzungen Armeen aller Art zu bedienen wusste, zum reichsten Bürger eines Landes aufstieg, dessen Bürgerrecht er gerade erst erworben hatte und der rundum mit Regierungen kooperierte, die ihm eigentlich alle nicht über den Weg trauten: die Geschichte eines Opportunisten, eines Mannes *«with very few principles»,* wie ihn ein US-Diplomat in den Fünfzigerjahren charakterisierte. Auch der Forschungsbericht der Universität Zürich, welchen Stadt und Kanton Zürich wegen Kontroversen um Bührles Sammlung und deren Überführung ins Kunsthaus Zürich in Auftrag gaben, kann dieser Einschätzung einiges abgewinnen.

Obwohl der Konzern einen anderen Weg genommen hat, als die Jubilare es sich 1981 vorstellten: Es bleibt die enorme Erbschaft in Form von Firmen, Aktien, Geld und eben – *Kunstwerken von Weltrang.* Jedes dieser Spitzenbilder, deren Preise im globalen Kunsthandel keine Obergrenzen zu kennen scheinen, trägt seine eigene Geschichte mit sich, deren Aufklärung, wo sie noch nicht abgeschlossen ist, weiter betrieben werden muss. 13 von den Nazis geraubte Werke musste der finanzkräftige Sammler nach dem Krieg zurückgeben – einen Teil hat er ein zweites Mal gekauft. Auch wenn die Herkunftsforschung eines Tages als abgeschlossen gelten sollte, wird die Aura der Entstehungsgeschichte der «Sammlung Emil Bührle» weiter über dem Kunsthaus schweben.

Zu dieser Aura gehören Geschichten des Krieges, jüdischer Flüchtlinge, Zwangsarbeiterinnen in einem KZ, dessen zugehöriger Fabrikationsbetrieb Lizenzgelder in die Schweiz überwies. All dies soll und wird das Kunsthaus im grandiosen Erweiterungsbau dokumentieren. Zur Eröffnungsfeier legen wir die «Bührle Saga» erneut auf den Gabentisch.

DER GRÜNDER: EMIL GEORG BÜHRLE (1890–1956) REICHSWEHRADJUTANT, INDUSTRIELLER, KUNSTFREUND

Haus im Zolliker Familiensitz

Herr E. Bührle bedient das im Dornier-Superwal eingebaute Drehringgeschütz OERLIKON

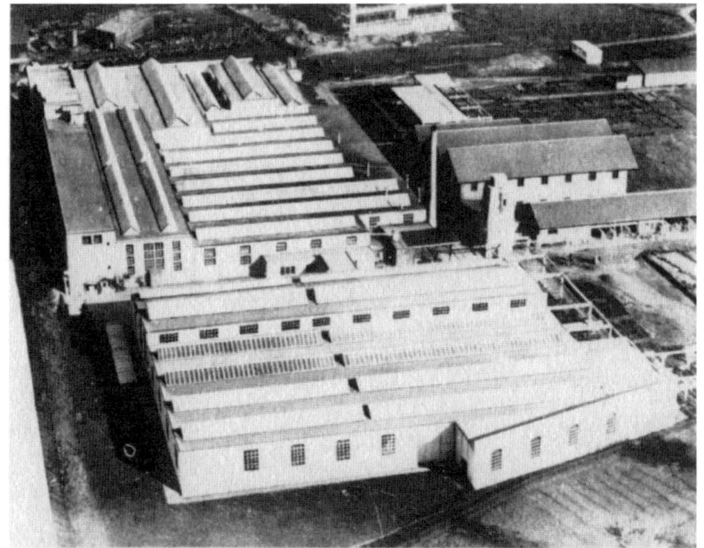

Werkzeugmaschinenfabrik Oerlikon bei Übernahme durch die Familie

Büste «E. G. Bührle» von Charles Otto Bänninger (1956)

Zürich, den ....

An das Steueramt der Stadt Zürich

Ueber nachstehende Person wird um Bekanntgabe des versteuerten Einkommens und Vermögens ersucht.

Unterschrift:

....

Adresse: ....

Name: B ü h r l e - Schalk,

Vorname: Emil, Geburtsjahr: 1890

Beruf: Direktor,

Wohnadresse: Zürich

Anmerkung. Genaue Angaben über Personalien und Adresse sind unerläßlich. Bei Kommandit- und Kollektiv-Gesellschaften sind Auskünfte über die Gesellschafter zu verlangen.

Auskunft:

Einkommen: Fr. 14,743,300.– **Vermögen:** Fr. 20,683,500.–

gemäß ~~Einschätzung~~ laut Steuerregister 1940.

St. Erklärung

Zürich, den 11.Okt.1940.

Ohne Gebührenmarke ist dieser Steuerausweis ungültig

Für die Richtigkeit:

Steueramt der Stadt Zürich
für die Kanzlei:

Taxe
Fr. 1.–.

No. 3 · XI. 39 · 20000 Norm. A 5

Steuerausweis «E. G. Bührle» laut Steuerregister (1940)

WINTERMÄRCHEN

Zürich, 1. Dezember des Jahres 1956. In der vorangegangenen Nacht ist der erste Schnee gefallen. Gegen Mittag verziehen sich die letzten Nebelschwaden, danach ein märchenhafter blauer Himmel; in der Ferne schneeverzuckert das Vrenelisgärtli.

Es ist ein festlicher Tag, dieser helle Wintersamstag, vor dem Portal des Fraumünsters drängen sich auffallend dunkel und vornehm gekleidete Leute, eine würdige Trauergemeinde für den unerwartet verstorbenen Grossindustriellen. Eintritt erhält nur, wer eine nach Ansehen und wirtschaftlichem Gewicht zugeteilte Karte vorweisen kann, im Schiff vorab Kunden der Firma, Persönlichkeiten aus Industrie, Finanz und Handel, die guten Sitzer aus dem eidgenössischen Parlament, aus der städtischen und kantonalen Behörde, Vertreter aus Armee und Wissenschaft und – wo die knappe Anreisezeit gereicht hat – Delegationen aus dem Ausland. Der Industrielle war am Mittwochabend im Alter von 66 Jahren völlig überraschend dahingerafft worden, Herztod, er hatte ein recht bewegtes Leben hinter sich, einen Weltkrieg an der Front und einen als Lieferant für die Front. Die Beerdigung ist auf den Samstagnachmittag festgesetzt worden, um auch den Angehörigen der Belegschaft, zu jener Zeit immerhin gut dreieinhalbtausend Leute aus dem Zürcher Stadtteil Oerlikon, die Möglichkeit zu geben, an der Feier teilzunehmen, ohne kostbare Arbeitszeit zu verlieren. Natürlich sind nicht alle Arbeiter dieser Einladung gefolgt, hätten auch nicht Platz gehabt auf der schmalen Empore, die für die Belegschaft vorgesehen ist. Immerhin, rund fünfzig sind doch gekommen, trotz diesem zu Ausflügen geradezu ermunterndem Wetter und den Fussballspielen der vierten Cup-Hauptrunde, einige *gwundershalber* (wie sie sagen), die andern, weil sie zu jenen gehören, denen der Industrielle regelmässig die Hand drückte, wenn er durch den Betrieb ging.

Das war nicht selten gewesen: Der Verstorbene hatte zu den Unternehmern alten Stils gehört, die jeden Arbeitsplatz im Betrieb auch selbst hätten einnehmen können; er hatte die Seelen des Kaufmanns und Technikers in seiner Brust, sich dann aber für die Aufgabe eines Unternehmungsleiters entschieden. «*Ein grosser Mann*», erinnert sich ein Buchhalter, der mit ihm in den Betrieb eingetreten war, «*sicher gegen eins neunzig*». An anderer Stelle werden in einer Würdigung seine langen Finger hervorgehoben, die ihn geradezu prädestinierten, «*alles an sich zu ziehen*». Er *war* gewissermassen die Unternehmung, hatte die Aktiengesellschaft in eine Personengesellschaft umgewandelt, 1937, als er mit Ausnahme jener Aktie, die ein Oerlikoner Schreinermeister später im Nachlass seines Grossvaters auf dem Estrich fand, alle übrigen Aktien besass. Die «*SWO*»-*Schweizerische* Werkzeugmaschinenfabrik Oerlikon – hiess seit 1923 nur noch «WO», nachdem sie vom deutschen Kapital übernommen war, bis der Alleininhaber 1937 eingebürgert wurde und mit ihm auch die Werkzeugmaschinenfabrik Oerlikon wieder schweizerisch wurde. Noch im Jahre vor seinem Tod hatte er in einem vielbeachteten Referat vor der Zürcher Volkswirtschaftlichen Gesellschaft über die Rolle des selbständigen Unternehmers gesprochen, ein paar Spitzen gegen die um sich greifenden unpersönlichen Aktiengesellschaften bewusst nicht vermieden und «*selbständig*» sprachgeschichtlich aus dem Germanischen abgeleitet, wo es eigentlich «*Herr*» bedeutet (skr. pati = Herr, litauisch past = selbst). Er hatte in demselben Referat auch zu den Verunglimpfungen Stellung genommen, denen er ausgesetzt war, weil er nicht Brot und Semmeln herstellte, sondern technisch schwierigere Produkte, die nicht rundherum Behagen auslösten: *«Es erscheint mir immer paradox, dass man den Soldaten ehrt, aber den, der die Waffen erzeugt, diskriminiert»*, hatte er der Volkswirtschaftlichen Gesellschaft im Schlusswort zugerufen.

Sein Wort war in diesen Kreisen offenbar nicht ungehört verhallt, nun wurde er, der Waffenfabrikant, in Zürichs schönster Kirche geehrt, und nicht einmal unbekannterweise wie weiland die Soldaten. Das Fraumünster prangte im Schmuck der Blumen und Kränze, obschon Familie und Direktion in der Todesanzeige gebeten hatten, statt Blumenspenden der Ungarnhilfe des Schweizerischen Roten Kreuzes zu gedenken. Die zahlreichen Todesanzeigen hatten sich in der «Neuen Zürcher Zeitung» stattlich präsentiert, allein die Inserate der Tochtergesellschaften hatten gut zwei Seiten gefüllt. Die Familie beklagte den Verlust des «*Gatten*, *Vaters*, *Grossvaters*, *Bruders und Onkels*», die Arbeiter den Verlust des «*obersten Chefs*», dessen *Güte und soziales Verständnis unvergessen* bleiben sollten, die Spinnerei Hch. Kunz in Windisch trauerte um den «*hochverehrten Herrn*», in Liechtenstein vermisste die Gerätebau-Anstalt Balzers den «*hochgeschätzten Verwaltungsratspräsidenten*» und auch die deutsche Dynamit-Actiengesellschaft vormals Alfred Nobel & Co. wies darauf hin, dass der Verstorbene, «*diese wahrhaft unternehmerische Persönlichkeit*», seit der nach dem Abschluss der Entflechtung erfolgten Neubestellung der Geschäftsorgane im Jahre 1954 zusammen mit dem deutschen Wehrwirtschaftsführer Friedrich Flick dem Aufsichtsrat angehörte.

Pfarrer *Max Heinz* entwarf nach einer kurzen musikalischen Einstimmung das Lebensbild des Verstorbenen, schilderte, wie der nachmalige Industrielle in der Stube eines Beamten das Licht der Welt erblickte, erinnerte an seine Ausbildung, die er in der Oberen Realschule in Freiburg

i. Br. genoss, wonach er ebenfalls in Freiburg und später in München Germanistik und Kunstgeschichte studierte, bis plötzlich 1914 das Deutsche Reich in einen Krieg gezogen wurde, der das Studium des 24jährigen jäh unterbrach. Er wechselte nun die Sparte, trat ins Militär über, wo es ihm als Subalternoffizier recht gut zu gefallen schien, so dass er auch nach dem Waffenstillstand dabei blieb, zunächst um die Grenzen zu schützen, dann auch um die *Unruhen*, die damals überall aufloderten, niederzuwerfen. Heimat- und Systembeschützer in einem. Die Rolle schien ihm keinerlei Gewissensbisse zu bereiten, er wäre gerne bei der Armee geblieben, war aber zufällig in Magdeburg in einem Bankiershaus einquartiert. Das Töchterlein zeigte sich hocherfreut von dem 29-jährigen Kämpfer, hatte gegen eine Verlobung nichts einzuwenden, schon eher gegen dessen militärische Laufbahn, wo in Anbetracht der vielen überzähligen Offiziere die Aufstiegschancen wenig rosig waren. Der Verlobte trat jedenfalls in die Magdeburger Werkzeugmaschinenfabrik ein, wo Charlottes Vater, Herr Bankier Schalk, offensichtlich ein Wort mitzureden hatte. So viel immerhin, dass der dann 30jährige Neuling im folgenden Jahr, es war der September 1920, nach der Hochzeit über Nacht zum Prokuristen avancierte, womit der Grundstein des späteren Erfolgs gelegt war.

Natürlich ging Pfarrer Heinz im Fraumünster nicht auf alle Details ein. Er sprach weniger von der Person als von der Firma, der Werkzeugmaschinenfabrik Oerlikon, die es schon seit 1906 gab, ein mittleres Unternehmen, das einen schweren Stand hatte und besonders in der Krise nach dem Ersten Weltkrieg in immer grössere Schwierigkeiten schlitterte, das einen Partner, der ihm finanziell unter die Arme greifen konnte, suchte und fand: Die Magdeburger Werkzeugmaschinenfabrik, die auch kein grosser Konzern war, die aber gerne in der preisstabilen Schweiz Kapital anlegte wie so viele andere deutsche Unternehmungen auch, denen es die Hyperinflation zu bunt trieb. Der Prokurist profitierte ebenso von der Krise der schweizerischen Industrie wie vom Zusammenbruch der deutschen Finanzwirtschaft, kam als Agent der deutschen Firmenzentrale nach Oerlikon, weil er, so betonte er später, als Süddeutscher für diese Vermittlerrolle geeignet schien. Er traf am Samstag, dem 24. Januar 1924, mit dem Zug im Hauptbahnhof Zürich ein, fuhr direkt zum damals noch bestehenden Hotel Viktoria und schlenderte anschliessend erstmals durch die Bahnhofstrasse. Der Wahlschweizer erinnerte sich auch zwanzig Jahre danach noch gerne an die Schokolade mit Schlagsahne im Huguenin und das Nachtessen im Gotthard, die ihm die «*ersten Eindrücke wirklicher Friedensqualität*» vermittelten.

Ruhe, Frieden und Ordnung waren es auch, die ihn die folgenden dreissig Jahre in der Schweiz, in diesem, wie er sagte, von Krieg und Inflation verschonten *gelobten Land* zurückhielten. Beim ersten Rundgang durch die Oerlikoner Werkzeugmaschinenfabrik zeigte er sich beeindruckt von der Ordnung in der Werkhalle. Die geräumigen Werkstätten mit den noch verbliebenen 140 Beschäftigten erweckten in ihm den geläufigen Eindruck eines «*leeren Schlachtfeldes*». Dem hatte der Adjutant abzuhelfen gelernt, er konnte nur kurze Zeit später in der Nachbarschaft, von der Maschinenbau AG Seebach, Patente für die Herstellung einer aus den Erfahrungen des Ersten Weltkrieges entstandenen Tank- und Fliegerabwehrwaffe erwerben und der bis anhin rein zivilen Werkzeugmaschinenfabrik eine *Spezial*abteilung angliedern.

Pfarrer Heinz lobte vor der aufmerksamer gewordenen Trauergemeinde am Beispiel dieses Entscheides die Tatkraft und Weitsicht des Verstorbenen, der in einer Zeit der weltweiten Abrüstung «*in mühevoller und kostspieliger Entwicklungsarbeit der automatischen Kanone aus den Kinderschuhen half*» – wie er zu Lebzeiten liebevoll zu sagen pflegte.

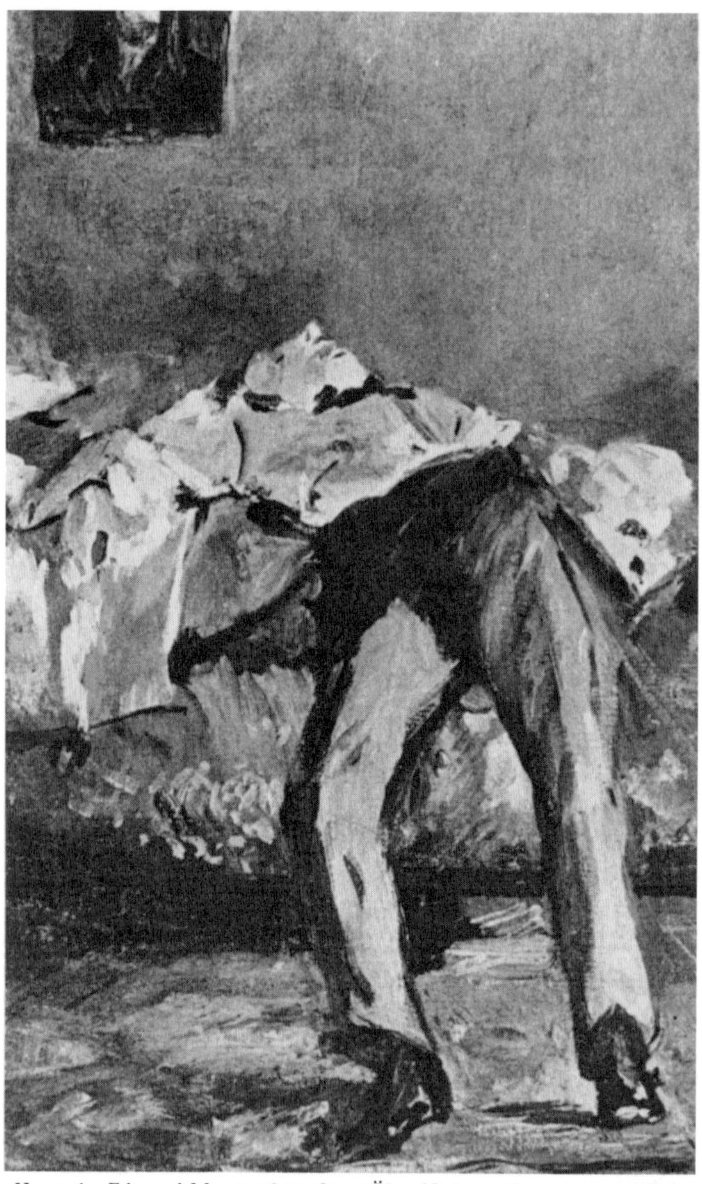

«Herztod», Edouard Manet, 38 × 46 cm, Öl auf Leinwand, erworben 1948 aus Privatbesitz, Ausschnitt

Der Beginn der dreissiger Jahre, als die Regierungen und Militärs sich *erinnerten, dass die bisherige Geschichte vorwiegend Kriegsgeschichte war*, sollte die Weitsicht des Unternehmers belohnen. Er belieferte in der Folge vierunddreissig Staaten mit der automatischen Kanone, in bewaffneten Konflikten am liebsten beide Seiten. So konnte er seine Unparteilichkeit gegenüber den kriegführenden Staaten am klarsten unter Beweis stellen, was Pfarrer Heinz als Beweis wertete, dass sich der Emigrant in der Schweizer Tradition zu jener Zeit bereits heimisch fühlte.

Nie liess es sich der Industrielle nach guten Geschäften allein gutgehen, stets beteiligte er am Gewinn auch wohlmeinende Freunde, zu denen sich Pfarrer Heinz mitsamt der christkatholischen Gemeinde in Zürich zählen durfte. Noch in den Kriegsjahren, als rundum schon Oerlikons Spezialprodukte knatterten, konnte der Industrielle die gähnende Leere auf der Empore der mit seiner Hilfe erstandenen Christuskirche in Oerlikon nicht mitansehen: *«Sagen Sie den Herren von der Kirchgemeinde, die Orgel sei bezahlt.»*

Umgekehrt hatte sich auch Herr Bankier Schalk seinem Schwiegersohn gegenüber verschiedentlich grosszügig gezeigt: Der jungen Familie, die sich in den ersten Jahren samt Sohn Dieter und Tochter Hortense in einer Mietwohnung durchschlagen musste, *erstand mit der freudigen Hilfe der Schwiegereltern bald ein neues Heim in Zollikon*, an dem Oerlikon entgegengesetzten Stadtrand Zürichs, wo Russ und Rauch der Industriequartiere freundlich durch Hügel und Wälder abgeschirmt werden. Die Schwiegereltern selbst zogen nach dem Krieg ins nicht minder freundliche Kilchberg am gegenüberliegenden Zürichseeufer, wo dem Schwiegervater bald die Ehre zuteil wurde, im benachbarten Rüschlikon ein Familiengrab eröffnen zu dürfen.

Nach einem kurzen musikalischen Intermezzo ergriff der Präsident des Vereins Schweizerischer Maschinenindustrieller, Ständerat *Dr. Speiser*, im Namen des Arbeitgeberverbandes Schweizerischer Maschinen- und Metallindustrieller das Wort. Im Rate der verantwortlichen Unternehmerschaft hatten die klaren und eindeutigen Worte des Verstorbenen stets besondere Beachtung gefunden. Der Branchenpionier hätte aus dem Leben scheiden können im Bewusstsein, seine *Aufgabe* gelöst zu haben. An dieses Wort schloss der Präsident der Zürcher Kunstgesellschaft *Dr. Meyer* den Dank des kulturellen Zürichs an, und unter den Harmonien des Organisten *Hch. Funk* leerte sich die Fraumünsterkirche langsam und feierlich – zuerst das Schiff und dann die Empore.

Unter dem klaren Winterhimmel erst mag dem einen oder anderen Trauergast gänzlich klar geworden sein, dass Zürich einen weiteren Unternehmer alten Stils verloren hat. Der Tod des einstigen süddeutschen Beamtensohnes, des späteren Prokuristen, Kaufmanns, Technikers und Patriarchen in einem, der innert dreissig Jahren zu einem der reichsten und mächtigsten Schweizer wurde, könnte eine *Zeitenwende* markieren. Unternehmertode dieses Stils häufen sich in diesem Frühwinter 1956 merkwürdig: Im selben freundlichen Zollikon entschläft an diesem Samstag auch der Zeitungsindustrielle *Otto Coninx*, der im Gründungsjahr der Werkzeugmaschinenfabrik Oerlikon den «*Tagesanzeiger für Stadt und Kt. Zürich*» übernommen und mit unermüdlicher Tatkraft und kluger Weitsicht während fünfzig Jahren dessen Geschick bestimmt hat. Wahre Bescheidenheit, grosses menschliches Verständnis und starkes Verantwortungsgefühl haben auch ihn ausgezeichnet. Im vergangenen Jahr erst war der Ostschweizer Firmenpionier *Jacob Schmidheiny* abberufen worden. Einige der hinterbliebenen Unternehmer fühlen sich durch diese Todesfälle im Stich gelassen. Noch im Jahre vor dem Tode hat ihnen der Waffenindustrielle die Erinnerung an seine Warnung vor dem immer mächtiger werdenden Sozialismus geweckt: *«Der Liberalismus und mit ihm das private Unternehmertum haben einen starken Gegner erhalten. Die Bestrebungen zum Kollektivismus sind in Gang gesetzt.»*

In der Schweiz kommen täglich neue Flüchtlinge aus Ungarn an; noch in der gestrigen Schneenacht sind unter Aufsicht der Armee 309 Männer, 97 Frauen und 7 Säuglinge in der Herisauer Kaserne untergebracht worden. Eine Gruppe von Bürgern aus verschiedenen Kreisen des Volkes hat noch am Freitag dem Bundespräsidenten ein «*Sofortprogramm zur Verstärkung unserer Abwehrbereitschaft*» zugestellt. Frau Gertrud *Haemmerli-Schindler* fragt sich in der Sonntagsausgabe der «*NZZ*», ob der Frauenhilfsdienst nicht an der *Grenze der Freiwilligkeit* angelangt sei. Der Vorstand des *Grasshoppers*-Fussballclubs hat das Rückspiel im Europacup der Meister gegen Slovan Bratislava abgesagt. Bei Abwesenheit der Schweizer gewinnt an diesem Samstag der Russe *Borissow* den Dreistellungsmatch im Stutzer an den Olympischen Spielen von Melbourne, der Italiener *Rossini* das Tontaubenschiessen. Im Zürcher Schauspielhaus wird am Abend «*Das Wintermärchen*» aufgeführt, Schauspiel von *W. Shakespeare (Beginn: 20 Uhr)*.

DAS VOLLENDETE WERK

Er starb, so vernahm es die Trauergemeinde im Fraumünster, *mitten in der Arbeit, doch am vollendeten Werk*. Keine sechs Wochen vor dem Tod hatte der Grossindustrielle noch das fünfzigjährige Bestehen seiner Firma feiern können. 6000 Gäste waren im Oerlikoner Hallenstadion zusammen gekommen, seine *Tatkraft und Weitsicht* zu bewundern. Fanfarenbläser hatten das Fest eröffnet.

Das Bedürfnis nach Selbstdarstellung hatte er nicht immer verspürt. In den Aktionärsberichten, die er am Anfang noch zu verfassen hatte, beschränkte er sich jeweils auf wenige Sätze und nannte die Rüstungsfabrikation vornehm *Spezialabteilung*. Und nach 1937, seit die Werkzeugmaschinenfabrik keine Aktiengesellschaft mehr war, sondern eine Firma mit unbeschränkter Haftung des Inhabers, erhielt die Presse zunächst keine Information mehr aus erster Hand: kein Rechenschaftsbericht mehr, keine Jahresbilanz, keine Gewinnrechnung – nichts.

Dafür ging es an der Gerüchtebörse um so hektischer zu. Denn die spektakuläre Entwicklung der Oerlikoner Fabrikanlagen war nicht zu übersehen. Die überbaute Fläche war 1940 dreimal so gross wie 1935, und im gleichen Zeitraum kletterte die Zahl der Arbeiter von 400 auf nicht weniger als 3600. Mitten in der Wirtschaftskrise hatte noch ein Geschäftsbericht die Öffentlichkeit auf den *Allgemeinen Nutzen* der Waffenproduktion aufmerksam gemacht. Schon damals wurde nämlich *«Unsere Tätigkeit auf diesem Spezialgebiet von gewissen Kreisen systematisch in illoyalster Weise missdeutet und in rein demagogischer Absicht entstellt.»* So hatte die Kirchensynode Zürich ein «Volksbegehren gegen die private Rüstungsindustrie» angeregt, das 1936 lanciert und in der Abstimmung vernichtend geschlagen wurde. Die Oerlikoner Stelleninserate hatten das Stimmvolk überzeugt.

Nach dem Sieg an der Urne glaubte der umstrittene Firmeninhaber erst recht, auf Propaganda und Rechtfertigung verzichten zu können. Seine weitsichtigen Entscheide fällte er ohnehin in aller Einsamkeit. Rücksichtnahme auf die Interessen der helvetischen Oberschicht schien ihm nicht geboten. Ja sogar sich selbst gegenüber verstand er es meisterhaft, Geschäft und Weltanschauung voneinander zu trennen. Er, der einst als Freikorps-Offizier gegen die deutschen Kommunisten mit Waffengewalt vorgegangen war, belieferte in den 30er Jahren die Rote Armee der Sowjetunion. Schon vorher hatte er kleinere Russland-Geschäfte abgewickelt, und 1931 hatte er einen Grossauftrag hereingeholt, der die Abteilung Werkzeugmaschinen ein Jahr lang auszulasten versprach. Niedrige Preise und das angeblich hohe Risiko benutzte er zielstrebig als Argumente, einen generellen Abbau der Löhne durchzusetzen (wobei ihm ein dreiwöchiger Streik fast einen Strich durch die Rechnung machte). Als die Werkbänke schliesslich bis auf den letzten Rappen bezahlt waren, war vom unternehmerischen Standpunkt aus gegen einen umfangreichen Kanonenhandel mit den Russen 1933 nichts mehr einzuwenden.

Das eingesessene Bürgertum hingegen sah die Problematik aus einem anderen Gesichtswinkel. Seine antisowjetische Grundhaltung war ungleich intensiver, weil die bolschewistische Regierung nach der Revolution die Anerkennung des zaristischen Schuldenbergs verweigert und so dem Finanzkapital das Geschäft gründlich verdorben hatte. Normalerweise schrieb die Wirtschaftspresse über Manager und Kapitalisten nur im höflichsten Ton. Gegen den Russenhändler ritt jedoch die Finanz-Revue eine scharfe

Oerlikon um 1770

Schweizerische Werkzeugmaschinenfabrik Oerlikon, 1906

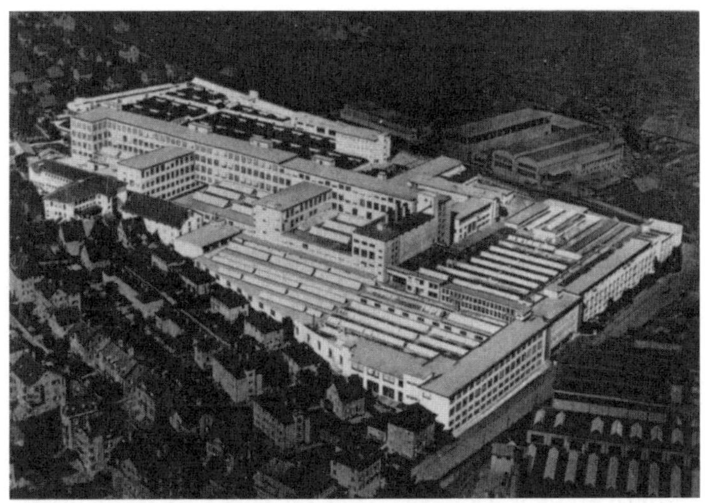

Werkzeugmaschinenfabrik Oerlikon, 1956

Bührlikon um 1981

Attacke: *«Der wirtschaftliche Leiter der Werkzeugmaschinenfabrik beschäftigt sich im Nebenamt mit der Vernichtung des Marxismus, dem seine Fabrik Waffen liefert.»*

Der angriffslustige Redaktor wusste damals noch nicht, dass der *wirtschaftliche Leiter* die Fabrik bereits mehrheitlich besass. Er konnte auch nicht wissen, dass der umstrittene Manager das fragliche Geschäft gegen seinen eigenen Verwaltungsrat durchgesetzt hatte. Und seine vage Hoffnung, schweizerische Geldgeber könnten ihren Einfluss geltend machen, löste sich vollends in Luft auf, als der nächste Geschäftsbericht veröffentlicht wurde. Dank der *Spezialabteilung*, war darin zu lesen, hatte die Werkzeugmaschinenfabrik mitten in der Krise alles Fremdkapital abstottern können. Den Segen der Zürcher City brauchte sie fortan nicht mehr. Zwanzig Jahre später erzählte der Grossindustrielle der Zürcher Volkswirtschaftlichen Gesellschaft mit einigem Genuss, dass er die enorme Entwicklung des Konzerns selber finanziert habe, ohne das Geld fremder Leute beanspruchen zu müssen: *«Nie bin ich zu einer Ausweitung geschritten, ohne vorher wenigstens das Mehrfache des veranschlagten Kapitalaufwands besessen oder sichergestellt zu haben. Während vieler Jahre habe ich es vorgezogen, grosse Teilaufträge an Unterlieferanten zu vergeben, obwohl dadurch die Erzeugnisse teurer zu stehen kamen. Auch später bei Neugründungen und der Übernahme von Beteiligungen habe ich diesen Leitsatz befolgt.»*

Mit dem im Grunde doch unsympathischen Moskau schlug sich der wahrhaft autonome Fabrikant trotzdem nicht lange herum. In den letzten Jahren vor dem Krieg klopften potentere Kunden an. Schliesslich zeigte sogar die Supermacht Grossbritannien (damals war es noch eine) Interesse an der Fliegerabwehrkanone, um die Flotte gegen Luftangriffe abzusichern. Der Auftrag der britischen Admiralität attestierte erstrangige Qualität und machte Oerlikon weltweit zu einem Begriff – wenige Jahre nachdem die Vorortsgemeinde in die Stadt Zürich integriert worden war. Die Briten finanzierten auch die Weiterentwicklung der automatischen Kanone im voraus und brachten die Produktionspläne rechtzeitig in ihren Besitz. Als im Sommer 1940 die Lieferung von Kriegsmaterial von der Schweiz nach England unmöglich wurde, weil die Franzosen dem deutschen Angriff nicht standhielten, produzierten die Alliierten die Oerlikon-Kanone in eigener Regie.

Was es hiess, *ganz allein die Verantwortung für ein grosses Unternehmen zu tragen*, habe er besonders in jenem Sommer 1940 begriffen, erinnerte sich der Grossindustrielle, als er später den erlauchten Mitgliedern der Volkswirtschaftlichen Gesellschaft die Rolle des selbständigen Unternehmers beschreiben wollte. Nachdem die deutsche Armee überraschend Frankreich besetzt hatte, war die Schweiz den Achsenmächten ganz ausgeliefert: *«Annähernd 250 Millionen Franken Aufträge waren dadurch über Nacht zu einem Fetzen Papier geworden. Rückblickend muss ich mich heute selber wundern, mit welcher Gelassenheit ich diesen Zustand ertrug.»*

Gelassen liess er die Produktion weiter laufen. Nur die Überstunden blieben vorübergehend den Arbeitern erspart. 280 Kanonen, die zum Versand bereit waren, übernahm jetzt die Schweizer Armee, und was weiter produziert wurde, ging ins Tausendjährige Reich. Vom Sommer 1940 bis zum Sommer 1944 stand die Werkzeugmaschinenfabrik fast ausschliesslich der Wehrmacht zur Verfügung. Ihr Inhaber versteuerte am Ende dieser Periode ein Vermögen von 127 Millionen. 1940 hatte er erst 24 Millionen deklariert.

Auf die fetten folgten aber auch magere Jahre. Als die Niederlage des Reichs sich 1943 abzuzeichnen begann, brachten die Alliierten für die schweizerischen Waffenlieferungen immer weniger Verständnis auf. Die Oerlikoner Rüstungsfabrik schrieben sie zum Boykott aus und löschten ihren Namen auf der berühmten Schwarzen Liste erst im Herbst 1946, obwohl die Schweiz schon im Sommer

1944 ein totales Exportverbot für Kriegsmaterialien erlassen hatte. Die Belegschaft der Werkzeugmaschinenfabrik sank daher auf 1600 Facharbeiter ab: 2000 Hilfsarbeiter hatten in der Zwischenzeit ihre Plätze geräumt.

Dass die Kriegskonjunktur einmal ein Ende finden würde, hatte der weitsichtige Unternehmer nie vergessen. Schon 1941 kaufte er sich drei Textilfirmen, die in jener Zeit einen schweren Stand hatten. Im nächsten Jahr baute er der Abteilung Elektroden und Schweisstechnik in Oerlikon ein eigenes Fabrikgebäude. Wieder später engagierte er sich bei der Xamax AG, um sich im Sektor Büromaschinen eine gute Ausgangsstellung zu verschaffen. Am Kriegsende befanden sich ausserdem auch Motoren, Eisenbahnbremsen und Textilmaschinen im Produktionsprogramm der Werkzeugmaschinenfabrik. Die Munitionsabteilung hatte auf Spindeln umgestellt.

Gegen den Boykottversuch der Alliierten half die Expansion in harmlosere Industriezweige allerdings wenig. Die Xamax AG war ebenso auf der Schwarzen Liste zu finden wie die Spinnereien von Heinrich Kunz. Aber auch als der Druck der Liste wegfiel, blieb es trotz der erworbenen Patente oft schwierig, die neuen zivilen Produkte auf den Nachkriegsmärkten unterzubringen. In den guten Zeiten hatte die Werkzeugmaschinenfabrik jedes Jahr Waren im Wert von 200 Millionen Franken abgesetzt. Jetzt lag der Umsatz in der Gegend von 20 bis 30 Millionen.

In den ersten fünf Jahren nach dem Krieg blieb der Waffenexport vollständig untersagt. Trotzdem und aller Anfeindungen ungeachtet, liess der Weitsichtige die so unrentabel gewordene Branche nicht im Stich. Da die bisherigen Partner sich zurückzogen, konnte er nun auch die Contraves zu hundert Prozent übernehmen. (Bei den Pilatus Flugzeugwerken hatten sich die Miteigentümer schon früher zurückgezogen.) Und auch die Techniker und Konstrukteure der Werkzeugmaschinenfabrik verloren die Militärprodukte nicht aus den Augen. Er, der verantwortliche Konzernherr, habe *geradezu eine Verpflichtung* empfunden, in einem Sektor zu verharren, in dem *meine Firma immerhin in zwanzig Jahren wertvolle Erfahrungen gesammelt hatte.* Schon 1945 habe er nämlich erkannt, wie sich die internationalen Verhältnisse entwickeln würden: *«Es galt an führender Stelle mitzuarbeiten, dass die freie Welt sich verteidigen könne.»*

Als er das sagte, war der Rückschlag bereits verkraftet. Der Kalte Krieg hatte dem Umsatz der Werkzeugmaschinenfabrik wieder auf die Beine geholfen. 1948, als in der Tschechoslowakei die bürgerlichen und in Italien die kommunistischen Minister aus der Regierung flogen, setzte die Bautätigkeit in Oerlikon wieder ein – erstmals seit der Einweihung der Elektrodenfabrik mitten im Krieg. Im folgenden Jahr, rechtzeitig vor dem Koreakonflikt, hob der Bundesrat die Ausfuhrbeschränkungen von 1944 weitgehend auf. Das Waffengeschäft stellte nun den Zivilbereich wieder in den Schatten. Gleichzeitig expandierte der Konzern erstmals im Ausland. Kurz nach der Gründung der NATO errichtete er einen Brückenkopf in Italien; Oerlikon Italiana wählte Mailand als Standort, und die Contraves etablierte sich in Rom. In Oerlikon fanden wieder Hunderte von Arbeitern Beschäftigung. Bald war der Belegschaftsrekord von 1940 egalisiert. Die freie Welt wusste den Beitrag zu würdigen: Mit dem Besuch des amerikanischen Generals Arnold in der Oerlikoner Fabrik war der vormalige Nazilieferant 1955 vollständig rehabilitiert.

Das Werk war vollendet. 1956 war ein Riesenfest am Platz, und das 50-Jahres-Jubiläum war die Gelegenheit, die es beim Schopf zu packen galt. Die Angehörigen der Werkzeugmaschinenfabrik versammelten sich im Oerlikoner Hallenstadion nahezu ausnahmslos. Die übrigen Konzernfirmen hatten Delegationen abgesandt. Gäste wurden in Massen eingeladen. Am Bankett kam die Prominenz schön zur Geltung: An der Fensterfront, quer zu den übri-

Jubiläumsfeier 1956, Ehrengäste

gen Tischen, sassen die Vertreter des Big Business. Von der BBC kam Theodor Boveri, von der Sulzer Winterthur Georg Sulzer, und die Bühler Uzwil liess sich durch René Bühler vertreten. Escher Wyss schickte Peter Schmidheiny, und auch andere Grossunternehmen hatten eine Galionsfigur abgesandt: die Maschinenfabrik Oerlikon, die Loki Winterthur, Georg Fischer und Von Roll. Die Zürcher Spitzenbanken Kreditanstalt und Bankgesellschaft waren ebenso repräsentiert wie die Nationalbank. Und auch für die beiden Dachverbände des Arbeitsfriedens, für den Industriellenverein und für den SMUV, war je ein Platz am Ehrentisch reserviert.

Am gleichen Gästetisch A sassen einige Vertreter der klassischen Repräsentationspolitik: die Herren Präsidenten des städtischen und des kantonalen Parlaments, der Stadt- und der Kantonsregierung sowie ein National- und ein Ständerat. Mit ihnen waren drei Oberstdivisionäre und ein Oberstbrigadier als Ehrengäste aufgeboten worden. Es handelte sich um die Waffenchefs der Artillerie und der Infanterie und um die Kommandanten der Fliegertruppen und der Fliegerabwehr. Sie waren begleitet vom Chef der kriegstechnischen Abteilung, vom Präsidenten der Militärkommission des Ständerates und vom Delegierten des Bundesrates für Arbeitsbeschaffung und wirtschaftliche Landesverteidigung.

Vor ihnen allen breitete der Gastgeber seinen Besitz aus, und geduldig hörten sie sich an, was er über die vergangenen 50 Jahre zu sagen wusste. So richtig kompetent war er freilich erst seit 32 Jahren, denn erst nachdem die schweizerischen Aktionäre die Werkzeugmaschinenfabrik an die deutsche Konkurrenz verschachert hatten, war er 1924 als wenig erfahrener Prokurist in Oerlikon aufgetaucht. Auch die Waffenschmiede, die das Schicksal der Firma bestimmen sollte, stammte erst aus dieser Zeit.

Während 1924 sich nicht nur die Besitzverhältnisse

änderten, sondern auch die Produktion ganz neue Wege beschritt, hatten normalsterbliche Zeitgenossen die Gründung von 1906 kaum zur Kenntnis genommen. Denn Werkzeugmaschinen stellten die Oerlikoner schon seit 1872 her. Die Maschinenfabrik Oerlikon (oder Werkzeug- und Maschinenfabrik Oerlikon, wie sie ursprünglich hiess) hatte aber kurz vor der Jahrhundertwende in Sachen Elektrizität einige Raffinessen entwickelt, auf deren Verwertung sie sich zu konzentrieren wünschte. Für die übrigen Abteilungen suchte sie nun Käufer, und während die Stahlgiesserei unter die Fittiche der Georg Fischer AG kam, machte sich die Abteilung Werkzeugmaschinen selbständig. Die neuen Eigentümer wählten den Namen Schweizerische Werkzeugmaschinenfabrik Oerlikon, um geschäftlich im Kielwasser der erfolgreichen Nachbarfirma zu bleiben. Die gewollte Ähnlichkeit hat seither die vielfältigsten Verwechslungen verursacht, so dass die in der Elektrobranche tätige Maschinenfabrik gelegentlich um politisch motivierte Klarstellungen nicht herumgekommen ist. Heute ist das Problem beidseitig gelöst: Der Branchenleader BBC hat die Maschinenfabrik geschluckt, und im Namen der Werkzeugmaschinenfabrik tritt publizistisch nur noch die Oerlikon-Bührle Holding in Erscheinung.

Die neue Gesellschaft versuchte von Anfang an, das Produktspektrum zu erweitern, doch der Flugzeugmotor, den sie entwickelte, blieb ohne Erfolg. Auf dem Markt für Werkzeugmaschinen herrschte eine unbarmherzige Konkurrenz. Auch in diesem Sektor setzte sich seit der Jahrhundertwende die Serienproduktion durch. Unternehmen mit lediglich 200 bis 300 Beschäftigten hielten dem Rationalisierungsdruck nur mit grösster Anstrengung stand. Auch der 33jährige Prokurist, der im Januar 1924 für die Magdeburger Werkzeugmaschinenfabrik den Zustand der soeben erworbenen Tochtergesellschaft zu untersuchen begann, hatte nicht die geringste Ahnung, wie der Werkzeugmaschinenbau in nützlicher Frist rentabel zu gestalten sei. Auf diesem Gebiet war zum Beispiel Ingenieur Weiss im Einsatz, der bereits einen zukunftsträchtigen Maschinentyp konstruiert hatte, als der eingeheiratete Prokurist noch ledig und ganz in Studium der Literatur und der Kunstgeschichte zu Hause war. Weiss, der dann zum technischen Direktor avancierte, hielt übrigens dem Unternehmen wie kein zweiter die Stange. Das Fest vom Oktober 1956 war für ihn schliesslich Arbeits- und Firmenjubiläum zugleich. Es versteht sich von selbst, dass er den Gästen als leuchtendes Beispiel präsentiert wurde. Selber das Wort ergreifen zu dürfen, war ihm jedoch nicht vergönnt. Dafür hat sein Chef von seinen positiven Eigenschaften auch die Treue und die Bescheidenheit zu erwähnen gewusst. Zwischen diesen beiden Menschen lag eine ganze Welt.

1924 war das von Vorteil. Gute Techniker gab es in Oerlikon genug – so kam man nicht weiter. Der Prokurist aus Magdeburg, der hier seine geschäftliche Brauchbarkeit zu beweisen hatte, suchte die Lösung ausserhalb des Fabrikzauns. In der Phantasie schwebte ihm die Verwertung jener Erfahrungen vor, die er in den fünf Jahren an der äussern und an der innern Front Deutschlands akkumuliert hatte. Der Zufall wollte es, dass in den gleichen Monaten die Maschinenbau AG im nahen Seebach den Konkurs anmeldete. In ihrem Hinterhof lag ein Restposten Kanonen, der keinen Käufer mehr gefunden hatte. Der ehemalige Regimentsadjutant war erst wenige Wochen in der Schweiz, da war bereits der Handel perfekt. Er hatte die massgebenden Leute im Magdeburger Mutterhaus dazu bewegen können, die einschlägigen Patente der Seebacher Pleitefirma für die Oerlikoner Tochtergesellschaft zu erwerben.

Der Grundstein war gelegt. Der Konzernleitung in Magdeburg leuchtete die neue industrielle Strategie der schweizerischen Filiale so sehr ein, dass sie den Initianten, der fünf Jahre vorher als Volontär in der Wirtschaft Fuss gefasst hatte, umgehend zum Direktor in Oerlikon ernannte. Der nun 34jährige Firmenleiter war kaum ein halbes Jahr im Amt, als er bereits die ersten Verträge mit ausländischen Regierungen unterschrieb. Die ersten kleinen Aufträge trafen aus fernen, weniger anspruchsvollen Ländern ein, aus Finnland und Mexiko 1924 und aus anderen südamerikanischen Ländern in den folgenden Jahren. Und 1929 bestellte die chinesische Nationalregierung von Tschiang Kai-schek, die im langjährigen Bürgerkrieg einstweilen die Oberhand gewonnen hatte, gleich 120 Kanonen auf einen Klapf.

Nicht alle diese Länder kauften Fliegerabwehrkanonen, Oerlikon offerierte diverse Typen. Auch leichte Maschinengewehre waren zu haben. Oft stellte die *Spezialabteilung* auch Panzergranaten und andere Munition her, für die sie keine Waffen anbieten konnte. Vor allem aber mussten die ursprünglichen Patente weiterentwickelt werden. In den 30er Jahren, als sich die Militärs aller Länder nach Waffen umzusehen begannen, war die automatische 20mm-Flabkanone, wie der Industrielle später sagte, *aus den Kinderschuhen heraus*, und 1934, eben hatte Hitler sein Regime in Deutschland konsolidiert, setzte sie sich erstmals an einer internationalen Ausschreibung durch. Die Oerlikoner Konstrukteure hatten gute Arbeit geleistet: *«Eine Waffe ist an sich weder gut noch böse, und in technischer und fabrikatorischer Hinsicht ist sie geradezu ein glanzvolles Objekt für eine Präzisionsmaschinenfabrik.»*

In kommerzieller Hinsicht war die Waffe ebenfalls ein durchaus *glanzvolles Objekt*. Schon in den ersten Jahren war die *Spezialabteilung* in der Lage, dem Werkzeugmaschinenbau über den Berg zu helfen. Ohne das lukrative Kanonengeschäft der 30er Jahre hätte die Fabrik trotz aller Präzision die Wirtschaftskrise nicht überstanden und den Sprung zum Grosskonzern schon gar nicht geschafft. Bis zum Krieg steigerte sich der Anteil der Militärprodukte am Umsatz auf 95 Prozent.

Auch in Deutschland hatten kleinere Unternehmen im Sektor Werkzeugmaschinen einen schweren Stand. Die Magdeburger Werkzeugmaschinenfabrik geriet schon drei Jahre nach der Übernahme der schweizerischen Konkurrenzfirma selber in die roten Zahlen. Unter den Geldgebern, die nun zur Kasse gebeten wurden, befand sich der Fürst Stolberg-Wernigerode, der Besitzer eines nach ihm benannten Hüttenwerks im Harzgebirge. Er hatte den Grossteil der Summe vorgestreckt, die dem Magdeburger Unternehmen den Kauf der Oerlikoner Aktien möglich gemacht hatte. Sein Kredit war aber an diese Beteiligung gebunden, die sich inzwischen so attraktiv entwickelt hatte. Jetzt ergriff er die Gelegenheit, die Trennung der beiden Firmen durchzusetzen, um die Tochtergesellschaft in der Schweiz allein zu übernehmen. Dem Direktor in Oerlikon bot er ein Minderheitspaket von 15 Prozent an, das dieser *ohne Zögern annahm.*

Dass er 1927 nicht nur eine anständig rentierende Fabrik, sondern eine wahre Goldgrube eingehandelt hatte, wusste der Fürst allerdings nicht. Auch seine Erben zeigten, als er zwei Jahre später starb, nur ein mässiges Interesse an den Schweizer Aktien. Wenigstens behielt sein Neffe, Graf Solms-Lauterbach, ein Minderheitspaket in seinem Besitz. Der Erbteil eines anderen Mitglieds der illusteren Familie fand dagegen erneut den Weg zum Chefangestellten in Oerlikon, der seither 52 Prozent der Aktien in Händen hielt. Über die Herkunft der runden Million Franken, die er bei diesem Handel im Minimum locker zu machen hatte, schwieg sich der Selfmademan in seinen späteren Erinnerungen verständlicherweise aus. Unschwer lässt sich hier zum zweiten Mal der Schatten des Magdeburger Privatbankiers Schalk hinter den Kulissen erkennen. *«Wenn du glaubst, ein Unternehmen führen zu können»*, soll er in

Anwesenheit des Pfarrers zu seinem Schwiegersohn gesagt haben, *«dann versuch es!»*

In Magdeburg überliess der Bankier die Werkzeugmaschinenfabrik ihrem Schicksal. Auch dort beschritt man später den von Oerlikon bereits vorgezeichneten Weg, indem der Rüstungskonzern Junkers nach der Machtübernahme der Nazis in den gleichen Produktionshallen Flugzeugmotoren bauen liess. So diente das vormalige Mutterhaus zur Erzeugung jener Offensivwaffen, auf die sich die Produkte der einstigen Tochtergesellschaft buchstäblich einschossen. Und aus diesem Grund konnte sich auch der Minderheitspartner Graf Solms-Lauterbach am wachsenden Erfolg von Oerlikon gar nicht so recht freuen. Als die potentiellen Gegner des Dritten Reichs ihre Aufträge plazierten, trat er die restlichen Titel an den Unternehmensleiter ab, der die AG sofort in eine Kommanditgesellschaft umwandelte. Rechtzeitig vor der Blütezeit des Rüstungsbooms erlosch damit die Rechenschaftspflicht. Soeben hatte der autonome Alleinherrscher auch das Bürgerrecht der Stadt Zürich erworben. Die eidgenössische Fassade war wieder intakt.

Das helvetische Verkaufsrezept hatte er schon vorher bestens begriffen. Da die Neutralitätspolitik es verbot, eine kriegführende Macht zu begünstigen, war es am vorteilhaftesten, immer beide Parteien gleichzeitig zu beliefern. Als Mussolini-Italien Abessinien überfiel, waren beide Armeen mit Oerlikon-Kanonen ausgerüstet. Es nützte am Ende Kaiser Haile Selassie I. nichts, dass er den Zürcher Vortsfabrikanten zum Ehrenkonsul ernannt hatte. Die Berner Aussenpolitik machte unter Bundesrat Motta gemeinsame Sache mit den Italofaschisten und boykottierte die Sanktionen des Völkerbundes. Die Affäre war noch nicht abgeschlossen, als in Asien ein weiteres Vorspiel des nahenden Weltkriegs über die Bühne ging, und auch diesmal hatten beide Parteien, Japan und China, in Oerlikon eingekauft. Streng genommen galt freilich die Neutralitätspflicht nur für die offizielle Handelspolitik. Nahm ein zahlungskräftiges Land wie Grossbritannien praktisch die ganze Fabrikkapazität in Anspruch, stand dem glänzenden Geschäft im Prinzip nichts im Weg.

Obwohl er sich also ins Gruppenbild der schweizerischen Absatzstrategen gut einfügte, hatte es der Zugewanderte mit der Integration nicht leicht. Vielleicht lag es daran, dass er sich geschäftlich eher übermässig assimilierte. Im Handel mit der Sowjetunion hätte er wohl einem eingesessenen Industriellen den Vortritt lassen müssen. Vielleicht wäre es auch möglich gewesen, bei der Erweiterung des Konzerns etwas rücksichtsvoller und diplomatischer vorzugehen. Dann hätte er womöglich die Sympathie eines Jacob Schmidheiny gewonnen, dessen Vermögen ebenfalls aus diesem Jahrhundert stammte. So wäre ihm schliesslich nach dem Krieg auch eine unschöne Szene vor Seiner Durchlaucht Fürst Franz Josef II. von Liechtenstein erspart geblieben. Das fürstliche Staatsoberhaupt hatte nämlich den deutschen Physiker Auwärter für seinen Plan gewonnen, das Völklein im Ländle besser zu beschäftigen. Er selber stellte in Balzers Land zur Verfügung, hatte aber nach dem Verlust seiner Güter in der Tschechoslowakei nicht genug Geld in der Kasse, um die Gerätebau-Anstalt im Alleingang zu gründen. Schmidheiny aus den nahen Heerbrugg zeigte sich anfänglich interessiert, winkte aber sofort ab, als er hörte, wer da ebenfalls mit von der Partie sein würde. Mit dem zugewanderten Oerlikoner Rüstungsfabrikanten setzte er sich nicht an einen Tisch.

Es ging jedoch auch ohne Schmidheiny. Der Kanonenkönig kam in Balzers wie fast überall allein zurecht. Auf dem ökonomischen Schlachtfeld war er nicht zu schlagen. Als er vor dem Krieg eingebürgert wurde, lag sein versteuertes Vermögen noch unter zwei Millionen. Zwanzig Jahre später tendierte es gegen 200 Millionen. (Und keine Frage, dass er den Wert seines Besitzes gegenüber der Steuerbehörde vorsichtig einschätzte.) Der Erfolg machte ihn zwar nicht umgänglich, aber auf die Dauer war er doch nicht zu umgehen. Dem alten Schmidheiny blieb das Jubiläumsfest im Hallenstadion erspart: er starb ein Jahr zuvor. Sein Sohn aber, Peter Schmidheiny, nahm am Ehrentisch Platz. Und mit ihm pilgerte eine stattliche Delegation der gut eidgenössischen Oberschicht im Oktober 1956 nach Oerlikon.

Vom persönlichen Vermögen sprach die höflich mitfeiernde Bourgeoisie natürlich nicht. Sie referierte über die Bedeutung des jubilierenden Unternehmens für die schweizerische Volkswirtschaft. Insgesamt 7621 Arbeitnehmern sicherte der Grossindustrielle die Existenz, Minderheitsbeteiligungen nicht inbegriffen. Die jährliche Lohnsumme des Konzerns überstieg den netten Betrag von 50 Millionen. Die Werkzeugmaschinenfabrik, die daran etwa zur Hälfte beteiligt war, gab überdies an Hunderte von gewerblichen und industriellen Unternehmen im Land Unteraufträge ab.

Die Jubiläumsfeier war ein voller Erfolg.

Sicher ist,
daß die Welt
neu geschweißt
auch wieder hält.

UNVERGESSENE GÜTE

In einer stark beachteten Rede lenkte *Albert Spengler*, der Präsident der Arbeiterkommission, während der 50-Jahr-Jubiläumsfeier die Aufmerksamkeit von Prominenz und Werktätigen auf das *mutige und für die Volkswirtschaft unendlich segensreiche Werk des Friedensabkommens* hin. Seit Bestehen dieses Abkommens, so rechnete er den anwesenden Fabrikbesitzern vor, mussten in der Maschinen- und Metallindustrie kaum mehr Arbeitszeitausfälle zufolge von Arbeitskonflikten verzeichnet werden. Ebenso erfreulich sei die Tatsache, dass *sich die Achtung und das gegenseitige Verständnis zwischen Arbeitgeber und Arbeitnehmer gewaltig gebessert haben, zum beidseitigen Vorteil.* Spengler dankte im nachhinein brieflich dem SMUV-Sekretär von Oerlikon, der ihm diese Rede verfasst hatte.

So idyllisch war das gegenseitige Verständnis in Oerlikon allerdings noch nicht. Auf den Lohn, den die Werkzeugmaschinenfabrik zu jener Zeit zahlte, hatte man sich lange nicht einigen können. Noch kaum ein Jahr vor der Feier, am 18. Juli 1955, waren sich die beiden Sozialpartner im Obergericht Zürich, Eingang Hirschengraben, gegenübergestanden. Bundesrichter Plattner hatte die Schlichtungsverhandlung auf zehn Uhr fünfzehn angesetzt. Kam eine Einigung nicht zustande, so schien ein Streik unvermeidlich.

Die Oerlikoner Arbeiter hatten seit langem registriert, dass die Nachkriegsbaisse ganz und gar überwunden war. Fast 2000 Arbeiter waren seit 1946 neu angestellt worden. Die Waffenproduktion hatte die übrigen Abteilungen wie-

Im Auftrag des Schweiz. Metall- und Uhrenarbeiterverbandes überreicht J. Suter, Sekretär der Sektion Zürich, E. G. Bührle ein Geschenk

II. Schicht.	S. W. O. Abtlg. Labor.
Name und Vorname	**Std: Lohn**
Schmid Alfred	1.25
Müller Alfred	1.25
Schäuble Otto 2 Jahre tätig	1.25
Josef Andermatt	1.25
Jos. Staub	1.25
Walter Beck	1.25
Mario Ribezzani	-.70
Eberle Johanna	.75
Berta Spalinger	-.70
Thiel Alice	.75
Häuselmann Trudy	-.75.
Weingartner Selma	-.65.
Blaic Hélène	-.65
Garbin Santa	-.65
Büdiker Else.	-.75
Schaffenegger Elsa	-.65.

Lohnliste Labor, 1939

der in den Schatten gestellt. Gerade zur Zeit des Koreakrieges war das Leben auch in der Schweiz teurer geworden. Die Arbeiter fühlten sich geprellt. Im Januar 1955 orientierte die Arbeiterkommission die Geschäftsleitung über die missliche Stimmung im Betrieb. Gleich konkret zu werden, wagte sie noch nicht: *«Wir sehen davon ab, Ihnen für das Lohnbegehren bestimmte Forderungen zu stellen, hoffen aber darum um so mehr auf eine wohlwollende Prüfung.»*

Der Firmeninhaber wies die Einladung, dem Lohnbegehren mit einer sofortigen mässigen Erhöhung den Wind aus den Segeln zu nehmen, verständnislos zurück. Er reagierte erst, als die Arbeiterkommission unter dem Druck einer Betriebsversammlung eine Zahl nennen musste: durchschnittliche Lohnerhöhung um fünf bis sechs Prozent. Sein Angebot blieb aber so weit hinter dieser Forderung zurück, dass ein Einlenken der Arbeiterschaft unmöglich war. Im Vollgefühl seiner Macht offerierte er einem Teil der Arbeiter Erhöhungen zwischen 1,2 und 1,5 Prozent. Mehr als die Hälfte der Beschäftigten wären leer ausgegangen. Auch eine Erhöhung des Akkords lag nicht drin.

Nachdem etwa tausend Arbeiter an einer Betriebsversammlung das Angebot ihres Arbeitgebers klar zurückgewiesen hatten, schalteten sich die Verbände ein: Eine erste Verhandlungsrunde, die Mitte Juni 1955 in einem Sitzungsraum der Firma stattfand, brachte keine Einigung zustande. Die Meinung der Werktätigen formulierten je zwei Vertreter des SMUV und des Christlichen Metallarbeiter-Verbands, sekundiert von der Arbeiterkommission (mit Jubiläumsreferent Spengler). Ihnen gegenüber sass der verantwortliche Firmenleiter, begleitet von drei Direktoren. Der Delegierte des Arbeitgeberverbandes war für die Politik der Kompromisse offensichtlich nicht sehr begabt. Er klammerte sich vielmehr an den zwar einfachen, sozialpolitisch aber völlig unergiebigen Grundsatz: *«Wir sollten nicht die Löhne erhöhen, sondern die Preise senken.»*

Der Industrielle selber erläuterte die spezielle Lage des Unternehmens, das mit gewaltigen Entwicklungskosten belastet sei. Allein für die Verbesserung der 20-mm-Kanonen seien wieder 12 Millionen ausgegeben worden, während die neue Textilmaschine 8 Millionen verschlungen habe. Von den 20 Millionen, die er bereits in das Projekt der ferngelenkten Rakete investiert habe, sei noch kein Rappen zurückgeflossen. An den Werkzeugmaschinen lasse sich ohnehin wenig verdienen, weil Deutschland dreissig bis vierzig Prozent billiger liefere. Selbst der eigene Staat drücke die Preise: *«Am jetzigen 100-Millionenauftrag des Bundes verdient die Firma nicht das Wasser für die Suppe.»* Obwohl die Arbeiterdelegierten ihre Forderung leicht reduzierten, blieb die Unternehmensleitung hart. Der Gang zur Schlichtungsstelle war die letzte Verfahrensetappe, die im Rahmen des Friedensabkommens noch blieb. Die Forderungen der Arbeiter hätten eine Erhöhung der Jahreslohnsumme um 800 000 Franken zur Folge gehabt. Bundesrichter Plattner und die beiden übrigen Mitglieder der Schlichtungsstelle – ein zweiter Bundesrichter und ein Direktor der Rieter Winterthur – fällten ein salomonisches Urteil: Sie kamen zum Schluss, genau die Hälfte sei zumutbar. Die Hartnäckigkeit des Grossindustriellen brachte es sogar noch fertig, dass die endgültige Vereinbarung 350 000 nicht überstieg. Der Arbeitsfrieden war noch einmal über die Runden gekommen.

Die Werkzeugmaschinenfabrik hatte auch schon härtere Zeiten erlebt. 1931 etwa, als für die Firma ein erstes Mal das Wasser zur Suppe knapp geworden war; der Auftragsbestand im Bereich der Werkzeugmaschinen war gemäss Angaben der Firmenleitung auf ein Fünftel des normalen Umfangs gesunken. Einzig ein Russenauftrag in Millionenhöhe hätte die Beschäftigung über längere Zeit sichern können. Die Russen verlangten allerdings auf die für die Oerlikoner Werkzeugmaschinen üblichen Preise fünfzehn Prozent Rabatt, wollten dazu partout erst in vierzehn Monaten zahlen; der Verwaltungsrat war mehrheitlich für Ablehnung dieses risikoreichen Geschäfts, aber dem Firmenleiter lag die Vollbeschäftigung zu sehr am Herzen. Er wandte sich in dieser Situation an die Arbeiterschaft mit der ultimativ gestellten Bitte, *mitzuhelfen an einer Senkung der Produktionskosten.* Ursprünglich dachte er an eine Reduktion der Ferien, aber viel gab es da nicht mehr zu reduzieren, für die seit 1926 Beschäftigten etwa noch im damals üblichen Rahmen von drei auf zwei Tage im Jahr, sie feierten ja ohnehin schon anderthalb Tage Kurzarbeit die Woche. Als wirksameres Mittel zur Kostensenkung anerbot sich der Firmenleitung demzufolge einzig eine Lohnreduktion, die bei den Akkordsätzen schon seit einem Jahr im Gange war und die nun mit Mitteilung vom 25. August 1931 für die ganze Belegschaft acht bis zehn Prozent betragen sollte – erstaunlicherweise auch für die Beschäftigten der gut florierenden Munitions- und Maschinengewehrabteilung.

Die Arbeiterschaft zeigte sich in dieser Situation verständnislos, viele waren schon wegen des schikanösen Akkordsystems massleidig. Kam einer mit dem Akkordsatz nicht aus, so galt er als schlechter Arbeiter; kam einer aus, so wurde der Akkordsatz gesenkt. Ein «Kompromiss» des Kantonalen Einigungsamtes, der den Lohnabbau werkweit auf acht Prozent beschränken wollte, wurde von der Arbeiterschaft mit 144 gegen 15 Stimmen abgelehnt.

Die Arbeiterschaft suchte in der Folge *den Weg mit dem Kopf durch die Wand*, den der Firmeninhaber nicht gedachte, *durch ein Loch schmerzloser zu machen.* Am 15. September traten die 156 Arbeiter in den Streik, der in der Folge die von *ähnlichen Bewegungen her bekannten unerträglichen Auswüchse* zeitigte und offenbarte, *dass die Firma für einen Versuch ausersehen worden war, dem in der Maschinenindustrie infolge ihrer prekären Lage allgemein drohenden Lohnabbau durch einen Streik wirksam zu begegnen.* Kontrolleure und leitende Beamte wurden am Werkeingang wüst beschimpft, arbeitswillige Mitarbeiter am Betreten der Fabrik gehindert; der Kranführer Emil Frei gar «*unter Androhung von Schlägen*», ohne dass ein anwesender Polizist eingeschritten wäre, was der Firmeninhaber mit eingeschriebenem Brief an die kantonale Polizeidirektion gleich aktenkundig machte.

Wirksamer noch als diese harte Streiktaktik erwiesen sich in der Folge die Schlichtungsverhandlungen vor dem kantonalen Einigungsamt. Auf Weisung des Zürcher Regierungsrates wurde Mitte September Nationalrat *Konrad Ilg* vom SMUV-Zentralvorstand eingeschaltet und diesem geschickten Vermittler gelang es, am 5. Oktober 1931, mittags um zwölf Uhr, Arbeiterschaft und Unternehmungsleitung auf einen Kompromissvorschlag zu verpflichten.

Einzelne Arbeiter mochten sich dabei hinters Licht geführt fühlen, betrug doch der akzeptierte Lohnabbau in der Tat sechs bis acht Prozent, obwohl die Arbeiterschaft mehrheitlich keinesfalls über fünf Prozent hatte gehen wollen. Eigentümlich berührte Beobachter auch die Tatsache, dass drei Wochen nach Wiederaufnahme der Arbeit von den 150 Streikenden rund dreissig noch immer auf der Strasse standen, angeblich, weil für sie keine Arbeit mehr da war, obwohl der Russenauftrag grossteils hatte hereingeholt werden können. Etwa der tüchtige Revolverdreher Wyss, ein aktives Mitglied der Arbeiterkommission, der an seiner Bank einen neuen Arbeiter eingearbeitet fand. Die Firmenleitung hatte sich zwar vor dem Einigungsamt verpflichten müssen, auf «*Massregelungen*» zu verzichten, aber demgegenüber stand ihr Bestreben, *auch wieder einmal Ruhe zu haben im Betrieb.*

Diese Ruhe unter der Arbeiterschaft sollte dann die ganzen dreissiger Jahre über andauern, bis sie während des Kriegs eine neuerliche Störung erfuhr: In der Nacht vom Montag, 1. Oktober 1940, erschütterten kurz hintereinander zwei Explosionen die Laboratorien. Die Spezialfabrikation war seit Kriegsbeginn zu eilig ausgebaut worden, der Materialbezug zu wenig sorgfältig überwacht und so waren Zündkapseln eingekauft worden, die selbständig losgingen. So hautnah hatte man den Ernstfall in Oerlikon denn doch nicht simulieren wollen, der Gebäudeschaden betrug achthundert Franken, dazu wurden 10 Arbeiter *betroffen* (wie der Firmeninhaber später in der Arbeitgeberzeitung schrieb), vier davon schwer, einem hatte die Detonation den Fuss weggerissen – ein hoffnungsloser Zustand zusammen mit der Schlagaderverletzung am linken Arm, zwei weitere hatten Splitterverletzungen an Gesicht und Händen, ein vierter war gar nicht mehr aufgehoben worden, regte sich am folgenden Tag aber plötzlich wieder.

Die Arbeiterschaft der Laboratorien verliess unter dem Schock der Ereignisse die Arbeitsplätze gegen Ende der Nacht und beschloss, zusammen mit der eintreffenden Frühschicht, ultimative Forderungen auf höhere Sicherheit in der Munitionsabteilung und minimale Grundlöhne von einem Franken zwanzig für Frauen und einem Franken achtzig für Männer die Stunde. Auch hier zeigte sich der Unternehmer konsequent; er war nicht bereit, mit dieser wilden Bewegung des Werkes IV zu verhandeln, schloss die Laboratorien und erklärte sich zu einer eingehenden Prüfung der Lohn- und Sicherheitsbegehren bereit. In der folgenden Woche setzte nun seitens der Arbeiterdelegation mit Märschen ins Volkshaus, *unaufhörlichen Versammlungen und Interventionen beim Stadtrat eine Zwängerei ohnegleichen* ein.

In der allerersten Versammlung schon war die ordnungsgemäss bestellte Arbeiterkommission nach Abwiegelungsversuchen, die durchaus im Interesse der Unternehmung gelegen hätten, kurzerhand weggewählt worden und durch eine eigene Verhandlungsdelegation des Werkes IV ersetzt worden. Es sollte sich jetzt rächen, dass die Personalauswahl in dieser hektischen Ausbauphase zu wenig sorgfältig erfolgt war und zu viele ungebildete Hilfskräfte der Spezialfabrikation zugeführt worden waren. Allein im vergangenen Jahr waren zu den rund zweitausend Beschäftigten in der Werkzeugmaschinenfabrik 1600 Stellensuchende eingestellt worden, für viele damals die einzige Möglichkeit, der Arbeitslosigkeit zu entgehen. Die Güte der Firmenleitung stiess auf Undankbarkeit: Die neue Verhandlungsdelegation hielt es sogar für angebracht, einen Steuerausweis des Unternehmers mit einem ehrlich erworbenen und ausgewiesenen Jahreseinkommen von vierzehn Millionen Franken in auffallender Form zu publizieren in der offenkundigen Absicht, Sensation und Neid zu erwekken. Das *Hinaustragen der Angelegenheit an die Öffentlichkeit* und die *fortgesetzte Zwängerei der Verhandlungsdelegation* verunmöglichten natürlich jedes weitere Entgegenkommen der Unternehmensleitung.

Nicht etwa, dass die Explosionen nicht voraussehbar gewesen wären, im Gegenteil: Schon im Frühling des Jahres 1939 hatte ein Familienvater nach einer ersten Simulation des Ernstfalles im Laboratorium sein Leben lassen müssen. *Erwin Müller*, zu einem Franken zwanzig die Stunde in dieser Abteilung beschäftigt, hatte daraufhin in einem Leserbrief in der *«Freiheit»* (31. 3. 39) auf die ungenügenden Sicherheitsvorkehrungen im Werk hingewiesen. Man hätte diesen Hinweis ernst nehmen können von zuständiger Seite, den Arbeitern dieser Abteilung wäre einiges erspart geblieben. Die Firmenleitung entschloss sich aber zur individuellen Lösung, ersparte allein Erwin Müller durch eine fristlose Entlassung jede weitere Gefährdung. Im Herbst 1939, bei Kriegsbeginn, folgten dann schon die nächsten Explosionen in Oerlikon, erneut ohne feindliche Einwirkung, diesmal *betraf* es den 26jährigen *Marcel Keller* tödlich, zwei weitere Arbeiterinnen wurden schwer verletzt. Eine Woche später knallte es neuerdings, erstmals weigerte sich daraufhin die Montagmorgenschicht am 27. Septem-

Munitionslaboratorien der Werkzeugmaschinenfabrik Oerlikon

Briefe an die „Freiheit"

Ueber das letzte tödliche Unglück und die Verhältnisse in der Werkzeugmaschinenfabrik Oerlikon

schreibt uns ein Arbeiter:

„Ziemlich ruhig ist es wieder durch den Blätterwald der schweizerischen Zeitungen gegangen, das Unglück in den Laboratorien der Werkzeugmaschinenfabrik Oerlikon, das Angehörigen den Ernährer entrissen hat. Ein junges Arbeiterleben hat seinen Abschluß gefunden, das zweite innert Jahresfrist im gleichen Betrieb.

Die Explosion ereignete sich nicht beim Abfüllen von Munition, sondern beim Bohren von hochexplosiven Sprengkapseln und ist auf **das unrichtige Funktionieren** der verstopften Ventilatoren zurückzuführen, die trotz wiederholten Reklamationen von seiten der Arbeiter bei dem Vorgesetzten, nicht gereinigt wurden, und sich somit allzu viel Material ansammeln konnte. Uebrigens ist dies nicht die erste Explosion in diesem Labor, es hat auch bei andern schon Verletzte gegeben.

Leserbrief von Erwin Müller in «Die Freiheit», 31. 3. 39, Auszug

WERKZEUGMASCHINENFABRIK OERLIKON
BUEHRLE & CO

TELEGRAMM-ADRESSE: OUTIL ZÜRICH

TELEPHON: ZÜRICH • № 68.404 •

ZÜRICH-OERLIKON
SCHWEIZ

26. April 1939.

34/20

Schweiz. Metall- und Uhrenarbeiterverband
Sektion Zürich
Stauffacherstrasse 9
Z ü r i c h

Entlassung Erwin Müller.
Ihr Schreiben v.20.4.39.

Nachdem wir uns zum Schritt der fristlosen Entlassung entschlossen haben - ein Vorgehen, das übrigens von unserem Unternehmen nur in seltenen Fällen angewendet wurde - werden Sie füglich annehmen müssen, dass wir uns die Angelegenheit vorher überlegt haben. Wir können nicht umhin, auch Ihnen gegenüber festzustellen, dass unseres Erachtens die Handlungsweise des Müller derart gegen Treu und Glauben verstösst, dass eine sofortige Auflösung des Dienstverhältnisses am Platze war. Ein durch die Zeitung verbreiteter Angriff, der zudem mit Unwahrheiten gespickt ist, dürfte unserer Auffassung nach die Erfordernisse des Art.352 O.R. erfüllen.

Der Vollständigkeit halber fügen wir in diesem Zusammenhange in Bezug auf den Artikel in der "Freiheit" bei:

....."das zweite innert Jahresfrist
im gleichen Betrieb."

Diese Angabe ist unrichtig; es ist das erste Unglück innert Jahresfrist.

Entlassungsbegründung der Direktion, 26. 4. 39, Auszug

ber, unter Kriegsbedingungen die Arbeit aufzunehmen, brachte nach einem eintägigen Streik, der von Arbeitgeber- *und* Gewerkschaftsseite als Gefährdung des mühsam errungenen und eben um fünf Jahre verlängerten Arbeitsfriedens in der Maschinenindustrie gleichermassen missbilligt wurde, wenigstens eine Gefahrenzulage von stündlich fünf Rappen für Frauen und zehn Rappen für Männer durch (gemäss Geschlechterwertskala, Index 1939). So richtig gut bezahlt war die Arbeiterschaft bei diesem russischen Roulette in den Laboratorien noch immer nicht, die Frauenlöhne lagen mit einem Durchschnitt von siebzig Rappen (einschliesslich Schichtzulage) rund zehn Prozent unter dem Verbandsdurchschnitt, wie selbst der *Verband Schweizerischer Maschinenindustrieller* leicht ungehalten bemerkte. Warum hätte der Firmeninhaber höher gehen sollen? Arbeitswillige Frauen waren in jener Zeit ausreichend vorhanden, viele Männer wurden aus Kochkisten verpflegt, da blieb schon etwas Zeit für die Frauen, das magere Haushaltsgeld aufzubessern. Mag sein, dass sich einzelne Kinder in dieser Zeit vernachlässigt fühlten durch die Abwesenheit beider Eltern, oft erwarteten sie an explosionsfreien Tagen die Mütter bei Schichtende an den Fabriktoren. Angesichts dieser äusseren Umstände durfte froh sein, wer angestellt wurde – immerhin entsprechen siebzig Rappen einem heutigen Geldwert von rund zwei Franken – und wer hundert Stunden die Woche arbeitete, kam bald einmal auf ein Monatsgehalt von dreihundert Franken. Direktor *Dr. Gubser*, der Leiter der Laboratorien, gleichermassen bekannt für markige Sprüche wie Taten, orientierte sich hier an einer einfachen Faustregel: *«Solange sich die Arbeiter noch Schokolade und Servelat zum Znüni leisten können, ist eine Lohnerhöhung ungerechtfertigt.»*

Die Direktion gab der Arbeiterkommission am Dienstagvormittag, den 15. Oktober, die neuen Lohnbedingungen für die Laboratorien bekannt. *Zur weiteren Abklärung der Situation sah sie sich veranlasst, alle Arbeitsverhältnisse in den Laboratorien aufzulösen.* Sie erklärte sich jedoch bereit, die sich meldenden Arbeiter wieder einzustellen – sofern sie die nunmehr für die Laboratorien vorgesehene *psychotechnische* Prüfung bestanden. Die Prüfung testete insbesondere die Fähigkeit zur ersten Hilfe auch unter den erschwerten Bedingungen des Schockzustandes und sollte inskünftig einen *zweckmässigen Arbeitseinsatz in den Laboratorien* ermöglichen. Nachdem die Firma die bereits ansehnlichen Lohnsätze nochmals bedeutend erhöht hatte, durfte sie mit *Fug und Recht eine schärfere Auslese unter den Arbeitern* vornehmen.

Unmenschlich zeigte sich der Firmeninhaber bei dieser Auslese indessen nicht: Er stellte einen Grossteil der Laborbeschäftigten wieder ein und bewies, dass sein soziales Verantwortungsgefühl selbst durch Verunglimpfungen von Seiten der Arbeiterschaft nicht zu brechen war. Schon früh war der Waffenindustrielle bekanntlich auch im Bereich der sozialen Fürsorge an vorderster Front aktiv geworden: Er war einer der ersten privaten Unternehmer überhaupt, der 1939 – noch vor dem staatlichen Obligatorium – seine Arbeiter und Angestellten von der Notwendigkeit einer obligatorischen Altersvorsorge zu überzeugen vermochte. Das war nicht eben einfach; die Arbeiterkommission stand vor einer Patt-Situation, halb dafür, halb dagegen, für viele Arbeiter waren die obligatorischen sechs Prozent Lohnabzug bei einem Stundenlohn von einem Franken zwanzig eine Existenzfrage des Augenblicks, die Altersfragen in den Hintergrund rückte. Einzelne stiessen sich auch an der statutarisch verankerten Möglichkeit des Stichentscheids der Firmenleitung bei strittigen Fragen in der Verwaltung der Pensionskasse: diese Seite wollte offenbar nichts aus der Hand geben. Immerhin, auch in der Arbeiterkommission zeigte sich gerade in diesem Fall die Wichtigkeit von Stichentscheiden, sprach sich doch *Kom-*

Sitzung der Arbeiterkonferenz

missionspräsident Fehr unmissverständlich zugunsten des Pensionskassenobligatoriums aus, womit die Kommission aus dem Patt geführt war.

So kam es zur Abstimmung in der Belegschaft, die auch nicht ohne Komplikationen verlaufen sollte, waren doch gerade in den Munitionslaboratorien erhebliche Widerstände zu erwarten. Das Gesetz verlangte die Zustimmung von nicht weniger als siebzig Prozent aller Beschäftigten, bevor in einem Betrieb das Obligatorium eingeführt werden durfte. Die Firmenleitung blieb in dieser Situation auf dem Boden der Demokratie und verteilte Stimmzettel mit Kontrollnummern an die Beschäftigten. Es zeigte sich indessen bald, dass die siebzig Prozent Ja-Stimmen in der Belegschaft nur schwer zu erreichen waren. Nachdem auch die leeren und ungültigen Stimmen zu den Ja-Stimmen gezählt wurden, fehlten noch immer einige wenige Stimmen, die nach Feststellung der Identität von Nein-Stimmenden in persönlichen Gesprächen gewonnen werden konnten. Es war dies ein zu jener Zeit in den Nachbarländern durchaus übliches Abstimmungsverfahren, das zweifellos im Interesse aller Beteiligten gerechtfertigt war. So bewährte sich das tief verankerte Vertrauensverhältnis zwischen Firmenleitung und Arbeiterschaft auch in schwierigen Zeiten. Stets stand dem Firmenleiter die Gattin als tüchtige Beraterin zur Seite, die ausserdem mit einer kleinen Bedienstetenschaft zu Heim und Kindern schaute. Die Bankierstochter teilte den Sparsinn ihres Gatten: Noch in den fünfziger Jahren wies sie den Hausgärtner, der ihr ein Trambillet verrechnen wollte, auf die Möglichkeit des Radfahrens hin.

EIN HIESIGER KUNSTFREUND

Nicht allein Sparsamkeit, auch Grosszügigkeit wurde dem zugewanderten Industriellen zu Lebzeiten nicht leicht gemacht. Es war seine unabänderliche Absicht, den Stadtzürchern kurz vor seinem Tode ein Präsent zu hinterlassen. Der knapp gewordene Raum im Kunsthaus drängte in der Nachkriegszeit zu einem Ausbau, den der aufgestiegene Student der Kunstgeschichte vollumfänglich zu finanzieren bereit war. Auch als Geschenk hatte der Neubau indessen die Hürde einer Volksabstimmung zu nehmen, da er der Stadt höhere Unterhaltskosten bescherte.

Der Ausgang dieser Abstimmung war im Februar des Jahres 1954 bis zuletzt ungewiss. Noch keine drei Jahre waren vergangen, seit die Zürcher Stimmberechtigten eine Kunsthausvorlage verworfen hatten. Danach aber hatte ein überparteiliches Komitee mit den salonfähigen Sozialdemokraten *Nobs* und *Oprecht* die Sache in die Hand genommen: Die Kunsthausgesellschaft wurde der Moderne angepasst, 1953 eine populäre Holländer-Ausstellung organisiert, für die Stimmberechtigten wurden Gratissonntage eingeführt. Die Abstimmungsvorlage selbst wurde durch eine Kommission des Gemeinderats bis in alle Details vorbereitet. Nicht, dass man die Sparsamkeit des Stimmbürgers gefürchtet hätte, der Ausbau war ja von privater Seite spendiert, die Annahme kostete die Stadt ganze 350 000 Franken pro Jahr, das war selbst zu jener Zeit bescheiden, zahlten die Basler doch schon 800 000 Franken an ihr Kunsthaus und das Zürcher Stadttheater verschlang jährlich gar das Fünffache. Man fürchtete vielmehr, die Stimmberechtigten könnten dem privaten Spender die kalte Schulter zeigen. Das Kunsthaus war in jener Zeit nicht in allen Kreisen beliebt, die Kunst hatte den Weg zum Volk noch nicht so recht gefunden, in den Kreisen 4 und 5 waren sichere ablehnende Mehrheiten zu erwarten. Hätte man in dieser Situation den Stimmbürgern sagen sollen, woher das Geld für den Neubau stammte?

Man hatte mit Offenheit dieser Art schlechte Erfahrungen gemacht. 1941 hatte der Grossindustrielle dem Schauspielhaus zwei Millionen Franken für einen Neubau offeriert. Direktion und Ensemble stellten sich damals auf den Standtpunkt, man könne nicht antifaschistisches Theater mit Kanonenverkäufen an Nazi-Deutschland finanzieren. Diesem Argument hatte sich der Stadtrat nicht verschliessen können und den Neubau an der Grundstücksfrage scheitern lassen.

Ausserdem hielt sich an den Wirtshaustischen zu jener Zeit hartnäckig das Gerücht, der Grossverdiener würde sich um die Steuern drücken; eine Nachrede, die in den vierziger Jahren in jeder Beziehung als verleumderisch bezeichnet werden durfte. Nach dem Krieg rückte der Fiskus dem Oerlikoner Industriebetrieb gar mit allen Mitteln an den Speck: Auf die Sondergewinne der Kriegsjahre wurde eine Kriegsgewinnsteuer erhoben, selbst die einzig der Erbauung zuträglichen privaten Bilderimporte sollten einer erquicklichen Einfuhrsteuer unterstellt werden. Nach der Einfuhr eines «Van Gogh», der mit zehntausend Franken hätte besteuert werden sollen, war der Zapfen ab: Der Multimillionär schickte das Gemälde nach London zurück und beschwerte sich umgehend mit eingeschriebenem Brief bei Bundesrat Etter.

Im Grunde hatte der Ärger mit den Schweizer Behörden Tradition: Schon in den ersten Jahren seiner Geschäftstätigkeit behelligte man den jungen Industriellen mit den für Oerlikon damals üblichen Stromtarifen. Alles liess er sich nicht bieten, und so strich die Werkzeugmaschinenfabrik 1927 dem Elektrizitätswerk Oerlikon kurzerhand Fr. 13484.15 von der Rechnung und errechnete ihre Stromkosten inskünftig selbständig nach den inzwischen ungültigen Reglementen von 1910 und 1917. Das war den rechtschaffenen Beamten des Elektrizitätswerks denn doch zuviel und nach mehrfachen erfolglosen Mahnungen drohten sie im September 1928, der Werkzeugmaschinfabrik den Strom abzustellen. Daraufhin liess sich der Geschäftsführer zur Zahlung bewegen, betrieb das EW Oerlikon jedoch umgehend auf die Rückzahlung von Fr. 7796.50 plus fünf Prozent Zins. Erst durch richterlichen Entscheid vom Juli 1931 liess sich die Werkzeugmaschinenfabrik auf den ordentlichen Stromtarif der Gemeinde Oerlikon verpflichten.

Nach solcherlei Begebnissen wäre es schwierig gewesen, in der Öffentlichkeit das Bild von selbstloser Grosszügigkeit zu zeichnen. Die gemeinderätliche Kommission beschloss Stillschweigen über die Person des Spenders, in der Weisung an die Stimmberechtigten wurde von einem *Mitglied der Kunstgesellschaft* gesprochen, das schon 1941/42 vier Millionen in einen Baufonds gelegt habe – das Geld hatte sich inzwischen um eine halbe Million zinslich erhöht – und auch die restlichen zwei Millionen sei dieser *private Donator* bereit zu übernehmen.

So hatte die Stadt neben der Übernahme der jährlichen Unterhaltskosten allein das Grundstück für den Erweiterungsbau abzutreten und dazu anerbot sich geradezu die alte Krautgartenstrasse an der Westseite des Kunsthauses. Wenngleich diese Strasse keineswegs unbewohnt war und mit dem «Café Ost» und dem «Heimplatz» zwei recht gemütliche Beizen beherbergte, so erwies sich der baufällige Zustand dieser Altstadthäuser als glücklicher Umstand. Als Eigentümerin bestritt die Stadt nicht etwa die Tatsache, dass sie mit dem projektierten Neubau zu Beginn der vierziger Jahre die Krautgartenhäuser hatte verlottern lassen. Von zuständiger Seite wurde jedoch darauf hingewiesen, dass die beiden schönsten Bürgerhäuser dieser Strasse, das «Haus zum Lindengarten» und das «Haus zum Kiel», renoviert erhalten blieben und dass mit den übrigen Häusern auch etwa Schindluderei betrieben worden sei; so habe eine Mieterin in ihrer Wohnung zimmerweise acht Studenten einquartiert und hole so mehr Mietzins heraus, als sie der Stadt bezahle. Da konnte denn kaum von einer echten Notlage der 36 Mieter gesprochen werden, eine Meinung, die auch vom Gemeinderat geteilt wurde, als nach durchgeführter Abstimmung im September 1954 eine neue Motion zur Erhaltung der Krautgartenhäuser eingereicht wurde. Sie wurde auf Antrag des Stadtrates kurzerhand für unzulässig erklärt, wodurch der vom Stifter auf Ende des Jahres 1954 angesetzte Baubeginn gerade noch eingehalten werden konnte.

Die Zeitungen hatten sich im Vorfeld der Abstimmung ausnahmslos zur Diskretion über die Person des Spenders verpflichten lassen. Die «NZZ» sprach von einem «*hiesigen Kunstfreund*», die «TAT» von einem «*ungewöhnlich grosszügigen und dankwürdigen Geschenkanerbieten*», prosaischer das «Volksrecht»: «*Dass der Neubau gratis und franko geliefert wird, weiss ja die ganze Stadt.*» Einzig eine Zuschrift an den «Tagesanzeiger», der schon damals Raum für kritische Leserbriefe bot, brachte Misstöne in den Abstimmungskampf, sprach von «*katastrophalen Mängeln der Vorlage*», die nur mit «*sämtlichen Mitteln der Volksbetörung*» durchgebracht werden könne. Auch ein junger Gemeinderat, *Dr. S. Widmer*, bezeichnete das Projekt an einer Parteiversammlung des Landesrings durchaus kritisch als «*vom architektonischen Standpunkt nicht überzeugend*». Trotzdem: 46000 Zürcher Stimmbürger belohnten die Diskretion und nahmen das Geschenk an.

Dem kunstfreundlichen Industriellen musste die An-

«Repas chez Sisley», Claude Monet, erworben 1944 aus schweizerischem Kunsthandel

Im Jahre 1944

«Kornernte», Auguste Renoir, erworben 1951 aus schweizerischem Kunsthandel

Im Jahre 1951

nahme dieser Vorlage als *Rehabilitation* erscheinen. Der Erweiterungsbau, der für wechselnde Ausstellungen verwendet werden sollte, wurde von den Kunsthausangestellten später liebevoll als «*B.-Saal*» bezeichnet, gleich am Eingang erinnert eine Büste von *Charles Otto Bänninger (1897–1974)* noch heute an den Spender. Die glücklich überstandene Geschenkannahme schien ihn endlich den Anschluss an die reichen Zürcher Familien finden zu lassen. Seine notorische Weitsicht hatte die Notlage der Zürcher Kunstgesellschaft nach dem Kriege rasch erkannt; angesichts der Raumnot drohten wertvolle Gemälde im Keller zu vermodern. Man hätte natürlich auch – worauf einzelne Gegner der Ausbauvorlage hinwiesen – den Ausstellungsraum auf Kosten der im Osttrakt des alten Baus eingemieteten Bank erweitern können. Banken galten indessen gerade in diesen Kreisen als unantastbar und wer weiss, ob der ausquartierte Leu dem Kunsthaus nicht noch einmal später die Zähne gezeigt hätte. So war die Zürcher Kunstgesellschaft zu jener Zeit auf private Unterstützung angewiesen; in der Nachkriegszeit war die Liquidität ausserhalb von Oerlikon abgeschöpft, eine einmalige Chance für den zugewanderten Industriellen, sich ins Zürcher Milieu einzukaufen.

Der Beamtensohn hatte früher schon vereinzelt Einbrüche in das alte Zürich versucht, schon in den dreissiger Jahren, als es darum ging, Schweizer zu werden, hatte er das traditionsreiche «*Haus zum Storchen*» an der Zürcher Schifflände erworben. Dieses schöne Denkmal alter Zürcher Baukunst war schon seit dem 14. Jahrhundert in Zürichs Chroniken festgehalten und wurde später zum Lokal der angesehenen «*Zunft zur Schiffleuten*». Diese Zunft, die sich ursprünglich aus Fischern und Schiffleuten zusammengesetzt hatte, war früher noch als andere für soziale Zwecke freigeworden und hatte in ihren Reihen stets auf politisch agile Zunftmeister zählen dürfen, etwa auf den Oberstdivisionär *Paul Carl Eduard Ziegler-Bodmer*, der 1839 die Volkserhebung während des Zürichputsches «*im Keime erstickte*», später auch auf die nicht minder bekannte *Sprüngli*-Familie, seit dem Aufstieg des Zuckerbäckers David Sprüngli aus der benachbarten Marktgasse nun schon ein ganzes Jahrhundert mit dieser Zunft verflochten, bis zum heutigen Zunftmeister, dem Obersten *Dr. Rudolf Farner*, Schiffssteuermann eigener Art.

Die Schiffleute hatten in der Geschichte des Zürcher Sechseläutens stets eine wichtige Rolle gespielt, sie hatten bereits 1820 zusammen mit den befreundeten Gerbern den ersten kostümierten Frühlingsumzug mit anschliessendem Feuerwerk vor dem «Storchen» durchgeführt. Sie waren es auch gewesen, die in den neunziger Jahren des vergangenen Jahrhunderts einen altpreussischen Jägermarsch ausgegraben hatten, der bald derart einschlug, dass er ohne weiteres zum offiziellen Sechseläutenmarsch erkoren wurde. Diese Umstände miteingerechnet durfte der Erwerb des «Storchen» füglich als glücklicher Kauf bezeichnet werden.

Ganz problemlos war die Anerkennung durch das alte Zürich trotzdem nicht. Als der Industrielle in den vierziger Jahren ohne weiteres Kanonen nach Norden lieferte, sich innert fünf Jahren reich stiess und bald über ein Vermögen verfügte, dass die *von Schulthess, Bodmer, von Muralt, Escher* und *Meyer* mühselig während Generationen aufgebaut und nun nicht minder sorgsam zu verwalten bemüht waren, da mochten dem Zürcher Grossbürgertum neuerdings ungute Gefühle hochgekommen sein. Die hochrentable Spezialfabrikation blieb den noblen Geschlechtern auf ihren absteigenden Ästen lange ein Dorn im Auge. Hatte denn dieser zugewanderte Waffenfabrikant überhaupt einen Hintergrund?

In jener Zeit erinnerte sich der Waffenindustrielle eilends seiner literatur- und kunstgeschichtlichen Vorbildung. Jeweils kurz vor Weihnachten errichtete er in den

Jahren 1943 und 1944 die «*E. B.-Stiftung für das Schweizerische Schrifttum*» mit einem Kapital von 400 000 Franken und die «*Goethe-Stiftung für Kunst und Wissenschaft*» mit einem Kapital von 2,5 Millionen Franken. Er hatte vor seinem weltlichen Einstieg *freie und schöne Lehrjahre in den reinen Bezirken der Geisteswissenschaften* verbracht, in Freiburg 1909 mit dem Studium der Literatur und Kunstgeschichte begonnen, war 1910 nach München übersiedelt, beeindruckt vom grossen *Wölfflin*, der dann allerdings wenig später nach Berlin wegzog. Als seinen wichtigsten Lehrer bezeichnete er später *Wilhelm Vöge*, Kunsthistoriker von Rang, der sich vorab mit der Bauplastik beschäftigte. Vöge äusserte sich mit beachtlicher Akribie über Motive des Mittelalters, etwa in einem Vergleich von Raffaels Bildnis des Heiligen Georg mit Donatellos Relief am Sockel der Georgsstatue: *«Raffael lässt die Bestie nicht wie Donatello gegen das Pferd anspringen. Sein Ritter Georg hat blitzschnell angegriffen, er hat den Drachen von hinterrücks überrascht, dieser fand die Zeit nicht, sich in günstiger Position zur Wehr zu setzen.»*

Solche Äusserungen seines Lehrmeisters mochten ihn auf die kommenden Jahre eingestimmt haben, die Studienjahre wurden im September 1914 abrupt durch das Aufgebot in den Kriegsdienst abgebrochen, wo die *dünne Haut des Ästheten die für dieses harte Dasein notwendige Gerbung* erfuhr. Im Kavallerieregiment erwachte denn auch mit dem Wirklichkeitssinn ein *Aberwillen gegen das eitle Getue* so vieler angehender Literaten, Künstler und Wissenschaftler. Er pflegte gegen die «kunstgewerbliche Weltanschauung» ein noch heute modernes Wort des Philosophen *Oswald Spengler* zu zitieren: *«Diese Ideale soll man in Scherben schlagen; je lauter es klirrt, desto besser. Härte, römische Härte, ist es, was jetzt in der Welt beginnt. Für etwas anderes wird bald keim Raum mehr sein. Kunst ja, aber in Beton und Stahl, Dichtung ja, aber von Männern mit eisernen Nerven und unerbittlichem Tiefblick, Politik ja, aber von Staatsmännern und nicht von Weltverbesserern.»*

«Der Heilige Emil Georg im Kampf mit dem alten Zürich», Lindenholz, vollrund, Höhe 78 cm, Fassung abgelaugt. Ergänzt: Schwanzende des Drachens.

1918 hätte sich der Adjutant nach der Entlassung aus dem Kriegsdienst eigentlich wieder dem Kunststudium zuwenden können, zeigte sich aber mit gegerbter Haut an einer Fortsetzung des Studiums nicht mehr interessiert. Er schloss sich für ein Jahr einem Freikorps an und begann im Jahre 1919 seine dritte Lehre in der Industrie. Darauf folgte der verschiedentlich gewürdigte Aufstieg des Industriellen, summarisch belegt mit einem Zitat *Hofmannsthals* als Auszug aus dem Nachruf von Kunsthausdirektor *René Wehrli: «Der Zuwachs an materiellen Gütern traf ihn als einen, der zwar äusserlich ausschliesslich ins Materielle verstrickt erschien, der aber von innen heraus der Materie durchaus überlegen war und ohne Heuchelei sagen konnte, dass er sich mit diesen Dingen zwar mit allem eines Mannes würdigen Ernstes, aber doch mehr symbolisch abgab ...»*

Seit einem Besuch in der Berliner Nationalgalerie im Jahre 1913, wo der Schweizer Generaldirektor *Hugo von Tschudi* erstmals auflüpfige Franzosenkunst gezeigt hatte, daraufhin den Hut nehmen musste, stand für ihn fest, dass er sich einmal – sofern er es *vermöchte* – solche *Manet-, Monet-, Renoir-, Degas- und Cézannebilder* an die Wand hängen wollte. Er vermochte es bald, konnte bereits 1934 eine Degas-Zeichnung und ein Stilleben von Renoir erwerben, liess sich dann von seinem früheren Kriegskameraden *Arthur Kauffmann* in London beraten, später auch von dem nach Zürich emigrierten Kunsthändler *Fritz Nathan*, den er gleich auf seinem Zolliker Grundstück einquartierte, um ihn abends vor wichtigen Käufen beiziehen zu können.

So richtig auftreten an Auktionen konnte er indessen erst mit den Millioneneinkünften aus den vierziger Jahren, die ihm ermöglichten, die Museumsdirektoren mit ihren zu jener Zeit knapp bemessenen Posten «Anschaffungen» an den Versteigerungen zu überbieten, ein Umstand, dessentwegen sich der deutsche Museumsdirektor *Leopold Reidemeister* noch bei der Eröffnung des Zürcher Kunsthausanbaues einen kleinen Seitenhieb nicht verkneifen konnte. Schwerpunkt seiner Sammlung blieb der französische Impressionismus der zweiten Hälfte des 19. Jahrhunderts, die *Bankierskunst*, wo die Form in einer Weise perfektioniert wurde, dass der Inhalt zur Nebensache wird. Er musste sich hingezogen fühlen zu diesem Aristokratenstil, der ihn am Feierabend so einfach in die Rolle des Zuschauers einlullte, in die Rolle des kontemplativen Schlenderers am Zollikerhügel, dem impressionistische Stimmungshaftigkeit die Fragen des Tages wegzauberte.

Es waren nicht mehr viele, die in diesen Kriegs- und Nachkriegsjahren das Geld für die inzwischen anerkannten Impressionistenbilder aufbringen konnten, neben dem Waffenindustriellen noch etwa der deutsche Stahlbaron *Thyssen*, dem der Krieg auch nicht schlecht bekommen war. Für Cézannes «*Knabe mit der roten Weste*» musste bald einmal eine Dreiviertelmillion Franken auf den Tisch gelegt werden, aber es zeigte sich zu jener Zeit schon, dass die Kunstsammlung Hobby und Kapitalanlage zugleich war. Als sich der Kunsthaus-Neubau zu Beginn der fünfziger Jahre abzeichnete und mit ihm die Möglichkeit einer Eröffnungsausstellung durch den Spender, war dessen Kaufwille endgültig nicht mehr zu bremsen, und er kaufte ab 1951 durchschnittlich ein Bild wöchentlich. Dass dabei auch etwa eine Fälschung in seine Sammlung hineinrutschte, erstaunt bei der Eile des Käufers nicht, war jedoch in der Vorbereitung der Eröffnungsausstellung im Kunsthausanbau ein neuer Stein des Anstosses. Einige Bilder wurden von der Kunsthausdirektion zurückgewiesen, ein «Rembrandt»-Gemälde, eines der beiden «Goya»-Bilder und zwei «Guardi» blieben an den Wänden des Ausstellungssaales, obwohl weitherum suspekt. Was soll's, schön waren sie ohnehin und im Grunde war ja der ganze Kunsthausanbau eine Fälschung, dieser Saalbau auf einem Pfahlrost im Stil der alten Pfahlbauten, ein Projekt der Gebrüder Pfister aus dem Jahre 1944, das sich architektonisch so gut in den Zürcher Heimplatz einfügt wie alte Bauernspeicher in eine Freizeitanlage.

So gänzlich akzeptiert wurde der kunstfreundliche Waffenindustrielle vom alten Zürich bis zuletzt nicht. Dies zeigte sich dann etwa darin, dass ihm der *Ehrendoktortitel* der Universität Zürich für Verdienste um die Kunst, der wohl alle Zweifel über den Bildungshintergrund beseitigt hätte, zwar in Aussicht gestellt, aber letzten Endes dann doch nicht verliehen wurde. Er revanchierte sich auf seine Art, behielt nun seine Kunstsammlung, die er seinerseits verschiedentlich dem Kunsthaus in Aussicht gestellt hatte, bis zum Tode in seinem Besitz, immerhin *19 Cézannes, 14 Degas, 7 Gauguins, 14 Van Goghs, 15 Manets, 12 Monets, 12 Renoirs, 10 Toulouse-Lautrecs* mit einem heutigen Versicherungswert von gut *200 Millionen* Franken. (Ein Kunstkenner – häufig mit der Schätzung von Kunstversicherungswerten beauftragt – bittet, diese Zahl nicht an die grosse Glocke zu hängen; es gäbe immer wieder *dumme Kerle*, die durch solche Veröffentlichungen angespornt werden, «*öppis go z'hole*». Die Gemälde seien zwar gut gesichert, nachher aber oft beschädigt.) So musste er den Entscheid über das Schicksal seiner Sammlung den Erben überlassen, die sich 1960 entschlossen, zwei Drittel der Gemälde in Form einer Stiftung der Öffentlichkeit zugänglich zu machen.

Nach dem Tode des Kunstmäzen war es zur Versöhnung mit dem alten Zürich zu spät: In den Neujahrsblättern der Gelehrten Gesellschaft war später nachzulesen, dass die pathetischen Reden von Vertretern der Behörden und viele Artikel in der Presse anlässlich der Einweihung des Anbaues im Jahre 1958 das Gefühl der Schuld hätten übertonen sollen, «*einem grosszügigen Mann gegenüber vor allem Kleinlichkeit gezeigt zu haben*». Die Reden schlossen an die Würdigungen an, die schon bei der Abdankung im Fraumünster zu hören waren. Doch selbst an der Trauerfeier hätte man die Misstöne, wenn man wollte, heraushören können. Einzig der Pfarrer war bereit, im Verstorbenen selber eine künstlerische Ader zu erkennen. Der Präsident der Zürcher Kunstgesellschaft, Dr. Meyer, sprach vom Geld. Er lobte das Mäzenatentum von ungewöhnlicher Grosszügigkeit, erwähnte das generöse Geschenk, das den Kunsthausneubau ermöglichte, und zog Bilanz: *«Das kulturelle Zürich ist ihm zu dauerndem Dank verpflichtet.»*

KRIEG UND FRIEDEN

HAT IHNEN DIE TATSACHE, DASS SIE WAFFEN UND MUNITION HERSTELLEN, JE EINEN GEWISSENSKONFLIKT bereitet?

«Nicht im geringsten! Man muss die Menschen nehmen, wie sie sind. Seitdem es Menschen gibt, haben sie aufeinander losgeschlagen. Heute sind sie in dieser Kunst etwas erfinderischer geworden. Übrigens gibt es kein Land, dem ich nicht schon Waffen und Munition lieferte, schon viele Jahre vor dem Krieg.»

Die Gretchenfrage stellte ihm die Gazette de Lausanne im Herbst 1942. Vorher hätte der Inhaber der nicht rechenschaftspflichtigen Kommanditgesellschaft in ein Interview nicht eingewilligt. Jetzt aber war er zur Einsicht gelangt, dass er die öffentliche Meinung nicht länger sich selbst überlassen dürfe. Auch die Einweihung der Elektrodenfabrik war es ihm 1942 der Mühe wert, die Journalisten und den sozialdemokratischen Stadtpräsidenten Klöti zu sich zu rufen. Die Einladung begründete er mit der *tiefen Weisheit*, die darin liege, *dass der Mensch dann und wann in seinem eilenden Lauf innehalte und einen Augenblick hinter sich blicke auf den Weg, den er zurückgelegt hat.* Schon ein paar Monate später, im Januar 1943, hielt er erneut in seinem Lauf inne und versammelte die hinter ihm nachstürmenden Arbeiterscharen: *«Zum ersten Mal in den bald zwanzig Jahren, die ich nun an der Spitze der Werkzeugmaschinenfabrik stehe, nehme ich die Gelegenheit wahr, zur gesamten Belegschaft zu sprechen.»* Er tat es, um der Eröffnung der Kantine, die er liebevoll *Wohlfahrtshaus* nannte, das nötige soziale Gewicht zu verleihen. Fernab von der helvetischen Wohlfahrt markierte zur gleichen Zeit die Schlacht um Stalingrad eine entscheidende Wende im Krieg.

Die Weitsicht des Unternehmers machte es möglich, die kommenden politischen Schwierigkeiten schon publizistisch anzupacken, noch bevor sie der breiten Öffentlichkeit bewusst wurden. Es traf ja zu, dass er vor dem Krieg in viele (wenn auch nicht in alle) Länder Kriegsmaterial geliefert hatte. Die Vorteile des Fabrikstandorts in der neutralen Schweiz hatte er schon früh erkannt. Und die Leser der Lausanner Gazette nahmen es dem Interviewten wohl gerne ab, dass er auch in diesem Weltkrieg am liebsten die Achsenmächte und die Alliierten gleichzeitig bedient hätte. Doch seit dem Sommer 1940, seit die Achsenmächte die Schweiz umklammert hatten, war das nicht mehr möglich. Seither produzierte die Werkzeugmaschinenfabrik nur noch für das Dritte Reich.

Die Alliierten hatten dieses Geschäft zwei Jahre lang toleriert. Im Laufe des Jahres 1942 musste der Oerlikoner Industrielle nun zur Kenntnis nehmen, dass sich ihre Haltung zunehmend verhärtete. Im August dieses Jahres hatte er eine stürmische Unterredung mit Handelsattaché Lomax von der britischen Botschaft in Bern. Was er da zu hören bekam, war nicht eben verheissungsvoll. Es könne nicht länger geduldet werden, behauptete Lomax, dass die Schweiz eine *doppelsinnige Politik* betreibe. Ihre *sogenannte Neutralität* aufrecht zu erhalten, werde ihr auf die Dauer nicht gelingen. Die deutschen Wirtschaftsforderungen müsse sie künftig energisch von sich weisen und dürfe dabei auch einen Waffengang nicht scheuen. Trete sie in den Krieg ein, so sei sie ein *idealer Stützpunkt für die angelsächsische Luftwaffe* und könne daher mit massiver Unterstützung rechnen. Andernfalls bleibe ihr nur die Wahl, sich Deutschland zu unterwerfen: *«Dann aber werden die schweizerischen Städte in Schutt und Asche gelegt!»*

Im Urteil der schweizerischen Handelsdiplomaten

galt Lomax als *Scharfmacher von Haus aus.* Damals reiste er im Jura herum und brachte einige Uhrenfabrikanten dazu, die Zünder, die sie den Deutschen versprochen hatten, nicht auszuliefern. Auch die Werkzeugmaschinenfabrik hatte Aufträge an Uhrenfabriken abgegeben, und der britische Handelsattaché versuchte nun auch diese Unterlieferanten einzuschüchtern, um die Produktion in Oerlikon zu behindern.

Begreiflich, dass der Firmeninhaber auf Lomax nicht besonders gut zu sprechen war. Er nahm daher auch kein Blatt vor den Mund. Der Handelsattaché möge sich einmal klar machen, *dass die Schweiz nicht so dumm sei, sich wie Polen, Jugoslawien, Griechenland, Holland, Belgien, Norwegen und schliesslich auch Frankreich für England aufzuopfern, um dann, wie eben diese Staaten, eine eidgenössische Exilregierung in London als Belohnung für solche historische Narrheiten einzutauschen.* Gegen zwei sie umgebende Grossmächte sei die Schweiz doch gar nicht in der Lage, einen Krieg zu führen. Vielmehr sei sie darauf angewiesen, *ihrer hochentwickelten Industrie Beschäftigung zu verschaffen.* Ohne den Handel mit den Achsenmächten gehe das nicht.

Das unerspriessliche Gespräch, das er da mit Lomax geführt hatte, erzählte der verärgerte Fabrikant brühwarm dem deutschen Legationsrat Freiherr von Bibra, den er am 26. August 1942 zum Frühstück in seine Wohnung nach Zürich einlud. Bibra, der auch nomineller Leiter der *NSDAP* in der Schweiz war, unterrichtete seinerseits den deutschen Botschafter Köcher, der unverzüglich eine Meldung an den Staatssekretär im Auswärtigen Amt, Weizsäkker, verfasste. Dem Brief, der als geheime Reichsache nach Berlin spediert wurde, war noch zu entnehmen, der schweizerische Unternehmer habe sogar «*die Absicht, das mit Herrn Lomax geführte Gespräch dem Bundesrat zu melden.*»

Bern zu benachrichtigen, war ihm nicht das Wichtigste. Da er sich auf dem diplomatischen Parkett heimisch fühlte, hatte er noch andere Absichten. In seiner Wohnung erwartete er noch am gleichen Tag den britischen Generalkonsul Cable, der ihm helfen sollte, die Verstimmung mit Lomax beizulegen. Denn die alliierte Diplomatie präsentierte sich keineswegs als geschlossene Front. Handelsrat Setchell zum Beispiel, der Vorgänger von Lomax, hatte im Bundeshaus den Eindruck eines *echten englischen Gentleman und Diplomaten alter Schule* hinterlassen, der für die Schweiz viel *Verständnis* aufgebracht habe – eine *taktlose Anrempelung* à la Lomax hätte er sich nie zu Schulden kommen lassen. Auch bei Generalkonsul Cable konnte der angerempelte Industrielle durchaus mit Sympathie rechnen. Vor vier Monaten hatten sie sich kennengelernt, nachdem Direktor Pfeiffer von der Bank Leu, die die finanziellen Transaktionen des Oerlikon-Konzerns durchführte, eine Besprechung vermittelt hatte. Damals war es Cable gewesen, der die Aussprache mit dem Rüstungsfabrikanten gesucht hatte. Er halte die britische Politik für falsch, hatte er ihm erklärt, weil ein Sieg über Deutschland Grossbritannien nichts nütze, wenn gleichzeitig die *Substanz des britischen Reiches*, die ja in überseeischen Besitzungen liege, verlorengehe. Deshalb würde er sich gerne mit einem *hervorragenden Vertreter des neuen Deutschland* über die Möglichkeit von Friedensverhandlungen unterhalten. Der Industrielle war zur Überzeugung gelangt, der Generalkonsul sondiere im Auftrag einer vorgesetzten Stelle in London, und er hatte die deutsche Botschaft davon in Kenntnis gesetzt. Allein Staatssekretär Weizsäcker in Berlin hatte nichts von Verhandlungen wissen wollen.

Auch im August 1942 brachte Cable keine Versöhnung zustande: die Differenzen des Oerlikoner Unternehmers zu Lomax liessen sich nicht mehr beseitigen, und die *verständnisvollen* alliierten Diplomaten wurden in den nächsten Monaten überhaupt immer rarer. Spätestens mit der Entscheidung von Stalingrad war die versöhnlerische Ten-

Bombenabwürfe auf Zürich

Im Mai 1943 treffen Bomben der Allierten «irrtümlich» Oerlikon: Ein Blindgänger bleibt auf dem Bahndamm Seebach-Wettingen liegen, knapp fünfhundert Meter von der Werkzeugmaschinenfabrik entfernt, ein anderer Sprengsatz explodiert an der Leimgrübelstrasse. Einzig die wenig dichte Besiedlung verhindert einen größeren Schaden.

Kurz vor Weihnachten 1940 hatten britische Bomber Zürich ein erstes Mal angegriffen. Ein Todesopfer und elf Verletzte waren zu beklagen. Eines der zerstörten Häuser stand in einem Hinterhof im Industriequartier, nahe beim Bahndamm Zürich-Oerlikon, ein zweites an der Hönggerstrasse (Bilder).

denz eines Cable in der britischen Aussenpolitik überholt und ausrangiert. Nach den grossen Rückschlägen an der Ostfront war die Niederlage der Achsenmächte nur noch eine Frage der Zeit. Noch im ersten Halbjahr 1943 kapitulierten ihre Truppen in Nordafrika, im Juli zerbrach das faschistische Regime Mussolinis, und nachdem Italien kapituliert hatte, besetzten deutsche Truppen, die anderswo dringend gebraucht worden wären, den Norden des Landes. Schon seit dem Sommer 1942 hatten alliierte Bomber deutsche und italienische Städte und kriegswichtige Ziele bei Nacht angegriffen. 1943 kamen sie nun auch bei Tag.

Um so weniger passte es ins alliierte Konzept, dass in der Schweiz immer noch eine unbehelligte Fabrik stand, die fleissig Tag für Tag Fliegerabwehrwaffen für Deutschland produzierte. Im Mai 1943 drangen überraschend Flugzeuge in den schweizerischen Luftraum ein, überflogen in grosser Höhe St. Gallen, dann Zürich und passierten über Koblenz die Grenze, nicht ohne in der Gegend von Oerlikon ein paar Bomben fallen gelassen zu haben. Die Zeitungen hielten mit Interpretationen hinter dem Berg und reportierten bloss die sichtbaren Fakten. Glücklicherweise hatten die *fremden Flugzeuge* nur Sachschaden angerichtet – damals war das Gebiet von Oerlikon-Seebach noch nicht so dicht besiedelt wie heute.

Die ersten Angriffe britischer Flugzeuge waren im Dezember 1940 ungleich gefährlicher gewesen. Zwei Fliegerraids warfen damals kurz vor Weihnachten in Zürich massenhaft Brandbomben und mehrere Sprengbomben ab, beschädigten ein paar Häuser an der Josefstrasse im Industriequartier sowie den Bahnviadukt Zürich-Oerlikon und zerstörten im Stadtteil Höngg ein Wohnhaus vollständig. Der Überfall forderte elf Verletzte und den Tod einer 65 Jahre alten Frau. Ein Irrtum war völlig ausgeschlossen, weil der Angriff um 21 Uhr, also vor der Verdunkelung, stattgefunden hatte. Vielleicht hatte die Royal Air Force speziell auf die Einführung der Verdunkelung und der Funkstille ab 22 Uhr reagiert, nachdem die Schweiz im November 1940 mit dieser Neuerung den Achsenmächten entgegengekommen war. Die öffentliche Meinung suchte aber das Motiv der Engländer schon zu jener Zeit bei den Waffenexporten; während die Neue Zürcher Zeitung entsprechende Behauptungen dementierte, meinte das Volksrecht, die Schweiz trage zwar keine Schuld daran, dass sich ihr Aussenhandel vor allem mit Deutschland abwickeln müsse: *«Aber es gibt doch einen bestimmten Warenaustausch, über den im Parlament am besten einmal gesprochen werden sollte.»*

Offiziell blieb man bei der Version des Irrtums. Sogar London bedauerte später den Vorfall von 1940 in aller Form und zahlte eine Entschädigung. Im Mai 1943 machte allerdings Bundesrat Stampfli (zuständig für die Volkswirtschaft) den deutschen Botschafter auf den Bombenabwurf bei Oerlikon aufmerksam, sprach von einem *«bedeutsamen Anzeichen wachsenden Feinddrucks»* und deutete an, sie seien von einer autorisierten britischen Stelle informiert worden, dass dies *kein Zufall* gewesen sei. Doch Bundesrat Pilet-Golaz erkannte als Aussenminister den diplomatischen Irrweg Stampflis sofort und behauptete rundweg das Gegenteil: *«Absichtlich abgeworfene Bomben würden selbstverständlich für die Schweiz eine Kriegserklärung bedeuten.»*

Wenige Wochen später meldete das englische Radio BBC, dass sich künftig keine Industriestadt Europas, die für Deutschland arbeite, ausserhalb der Reichweite der alliierten Luftwaffe befinde. Die Schweiz hatte den Wink mit dem Zaunpfahl schon vorher verstanden und war dazu übergegangen, die Kontingente für den Export von Kriegsmaterial schrittweise zu reduzieren. Ein Jahr danach, im April 1944, griffen drei Staffeln amerikanischer Bomber Schaffhausen an und warfen 331 Brand- und Sprengbomben ab. Ein weiterer *Zufall*? 40 Todesopfer, 33 Verletzte und 428 Obdachlose waren zu beklagen. Eine Kriegserklärung erfolgte auch diesmal nicht, aber bald rollten die letzten Eisenbahnzüge mit Kanonen aus Oerlikon bei Schaffhausen über die Grenze: im September 1944 war das totale Waffenausfuhrverbot perfekt.

Die Fliegerangriffe hatten die alliierte Politik gegenüber der Schweiz freilich mehr symbolisch flankiert als materiell durchgesetzt. Der Waffenexportstopp kam genau dann zustande, als alliierte Truppen die schweizerische Westgrenze erreichten. Sobald Deutschland die Versorgung der Schweiz nicht mehr vollständig kontrollierte, schwand auch sein Einfluss auf ihre Exportpolitik rasch dahin. Gleichzeitig verloren die helvetischen Handelsdelegierten ihr einziges stichhaltiges Argument, das die Verärgerung der Alliierten bisher in Grenzen gehalten hatte. Auch die plötzliche Gefährdung von mehreren tausend Arbeitsplätzen im Land musste nun im Interesse der Neutralität, deren Glaubwürdigkeit voll in der Schusslinie lag, in Kauf genommen werden.

Denn mit der einseitigen Belieferung der Achsenmächte mit Kriegsmaterial hatte die Schweiz die Neutralitätspflichten vom Sommer 1940 bis zum Sommer 1944 zwar vielleicht moralisch, nicht aber völkerrechtlich verletzt. Die entsprechenden internationalen Verträge schrieben den neutralen Regierungen lediglich vor, Gesetze über die Waffenausfuhr gegenüber kriegführenden Nationen unparteiisch anzuwenden. Nur der Staat hatte neutral zu sein, der private Fabrikant dagegen nicht. Und der Bundesrat hatte in der Tat nicht den geringsten Versuch unternommen, den Export von Kanonen irgendwohin gesetzlich zu kanalisieren. Dass Lieferungen an die Alliierten nicht mehr in Frage kamen, war ganz allein dem militärischen Erfolg Deutschlands auf dem Kontinent zuzuschreiben.

In einem Abkommen über den Handel im Krieg hatten die Engländer zudem der Schweiz die völlige Freiheit in der Waffenausfuhr zugestanden. Sie hatten dem Bundesrat eine Liste von Waren vorgelegt, für die spezielle Restriktionen gelten sollten. Es ging ihnen darum, die Schweiz als Warendrehscheibe auszuschalten, um die Wirksamkeit ihrer Blockadepolitik zu garantieren. Auf der Liste der problematischen Waren war jedoch ausgerechnet das Kriegsmaterial nicht zu finden. Freilich hatten die Briten den Vertrag noch vor der Kapitulation Frankreichs unterzeichnet, zu einer Zeit also, da sie gelassen auf eine Regelung der an sich heiklen Frage verzichten konnten, weil sie die grösste private Rüstungsfabrik der Schweiz mit einem riesigen Auftrag bis an die Kapazitätsgrenze ausgelastet hatten. Es war ihr Pech, dass es dann rasch anders kam.

Als die deutschen Truppen 1940 die ganze Westflanke der Schweiz kontrollierten und Italien ebenfalls auf der Seite Deutschlands in den Krieg eintrat, brachten die Alliierten zunächst einiges *Verständnis* auf für die besondere Lage des neutralen Kleinstaats. Natürlich gab es auch kämpferische Elemente, die von Anfang an das helvetische Geschäft mit dem Aggressor nicht zu tolerieren gewillt waren. Vor allem die Royal Air Force, der die deutsche Fliegerabwehr manchen Verlust beifügte, trat für grössere Härte ein. Das Bombardement von Zürich mochte als Sondertour ihrem Konto zu belasten sein. Ingesamt war man jedoch in London nicht daran interessiert, die eingekesselte Schweiz zum vollständigen Anschluss an die Kontinentalmächte zu nötigen. Während der ganzen Kriegszeit erhielt die Schweiz unentbehrliche Lebensmittel und Rohstoffe aus Übersee, die in der Regel in Genua gelöscht und dann ins Land transportiert wurden. Umgekehrt liessen es auch die Achsenmächte zu, dass schweizerische Firmen einen Teils ihres Handels mit den Alliierten und den Neutralen ausserhalb Europas aufrecht erhielten. Die Werkzeugmaschinenfabrik Oerlikon dagegen leitete ihren Export im Sommer 1940 voll und ganz nach Deutschland um. Waffenlieferungen an den Feind bewilligte Berlin auf keinen Fall.

WERKZEUGMASCHINENFABRIK OERLIKON

TELEGR.-ADRESSE
OUTIL ZÜRICH

BÜHRLE & Co.
ZÜRICH-OERLIKON

TELEFON: ZÜRICH
No. 6 84 04

34/129.

12.August 1940.

Firma V E L T J E N S & Co.

B e r l i n

Angebot von SLaSS
Unser Telegramm vom 12.8.1940.

Auf erneute Vorsprache Ihrer hiesigen Vertrauensleute sandten wir Ihnen heute ein Telegramm folgenden Inhalts :

"Anbieten unverbindlich ab August 1941 monatlich 100 bis 130 SLaSS nebst entsprechender Munition Brieffolge".

Wie wir Ihnen durch Ihre Vertrauensleute mitteilen liessen, war es uns bis heute nicht möglich, Ihnen ein festes Angebot zu unterbreiten, da wir ständig in Verhandlungen mit anderen Interessenten waren, die nunmehr vorläufig zu einem Abschluss gelangt sind. Nach dem Stand der derzeitigen Bestellungen sind wir nicht in der Lage, vor Anfang August 1941 unsere Waffe SLaSS an Sie abzugeben und angesichts des noch weiterhin bestehenden Interesses des O.K.W. müssen wir auch in Bezug auf diesen Termin noch alle Vorbehalte machen. Die Munition kann grundsätzlich unter denselben Bedingungen in entsprechenden Mengen, d.h. ca.3-4.000 Schuss pro Geschütz, mitgeliefert werden.

Der Preis für eine SLaSS beläuft sich derzeit auf Schw.Fr. 32.250.--. Als Munition schlagen wir Ihnen vor,unsere Typen SG (Sprenggranate) und HL (Hochbrisanzleuchtgranate) in Betracht zu ziehen, die sich gegenwärtig auf Schw.Fr.16.31, beziehungsweise Schw.Fr.16.56 belaufen.

Wie gesagt,stellen die obgenannten Preise die heute geltenden dar. Da wir nicht übersehen können,welche

Offerte an Großdeutschland, 1940

Fa.Veltjens & Co.Berlin. - 2 - 12.8.1940.

Veränderungen in Bezug auf Löhne- & Material-Indexe bis im Sommer nächsten Jahres eintreten werden, machen wir auch in dieser Beziehung alle Vorbehalte, d.h., unsere erwähnten Preise müssten im gegebenen Zeitpunkt der neuen Lage angepasst werden.

Unsere Zahlungsbedingungen sind die folgenden : 50 % der Vertragssumme in Form von Anzahlung bei Vertragsunterschrift und die restlichen 50 % in unwiderruflichem Akkreditiv bei einer Zürcher-Grossbank. Die Zahlung erfolgt in freien Devisen auf Grundlage von 1 Schw.Fr. = 0,203 Gr. Feingold.

Geliefert wird verpackt, ab Werk und eine Liefergarantie gehen wir bei den heutigen Verhältnissen nicht mehr ein.

In den obgenannten Preisen ist Ihre, mit Ihren hiesigen Verbindungsleuten abgemachte Kommission eingeschlossen.

Was die Lieferung von FF-Waffen nebst zugehöriger Munition anbelangt, bemerken wir, dass wir dieses Material im vorliegenden Falle nur durch unseren Vertreter in Bukarest anbieten können, nachdem derselbe bereits Geschäfte für diese Type getätigt hat und in Verhandlungen wegen weiteren Lieferungen steht.

Hochachtungsvoll

Werkzeugmaschinenfabrik Oerlikon
Bührle & Co.

Bührle

Statt für die Wehrmacht Kanonen herzustellen, bestand daher für Oerlikon in den nun folgenden Jahren nur die Alternative, ausschliesslich die schweizerische Armee auszurüsten – oder den Betrieb weitgehend einzustellen. An die eigene Armee lieferte die Werkzeugmaschinenfabrik im Juli 1940 jene 280 Kanonen ab, die Frankreich und Holland bei ihr bestellt hatten. Vorher hatte das schwer beschäftigte Werk kaum Zeit gefunden, die eigenen Militärs zu berücksichtigen. Schon die ersten Waffengeschäfte rund 15 Jahre zuvor hatte der Industrielle mit dem Ausland abgewickelt, und seither war er ganz auf Export eingestellt gewesen: in mehr als 30 Länder hatte er bereits geliefert, bevor er von den Chefbeamten im eidgenössischen Militärdepartement zur Kenntnis genommen worden war.

Die bundeseigenen Rüstungsbetriebe hatten in aller Entschlossenheit den Konkurrenzkampf aufgenommen. In der Mitte der 30er Jahre, als sich die Oerlikon-Kanone an europäischen Ausschreibungen durchsetzte, produzierte die Eidgenössische Waffenfabrik Bern aber neben dem bekannten Karabiner bloss einige Maschinengewehrtypen und einen Minenwerfer. Jetzt musste sie in aller Eile eine 20 Millimeter und eine 34 Millimeter Flabkanone entwikkeln. Die Bundesfinanzen reichten aus, ihren Personalbestand bis 1939 auf annähernd 600 zu verdoppeln (nur ein Bruchteil der Belegschaft der Werkzeugmaschinenfabrik). Als der Krieg begann, hatte sie noch kein einziges Geschütz abgeliefert. Ganze 36 Oerlikon-Flabkanonen sicherten die Schweiz im September 1939 gegen Luftangriffe ab.

Den Soldaten im Aktivdienst konnte man solche technische Details nicht gut anvertrauen. Erst der Rechenschaftsbericht des Generals brachte sie nach dem Krieg ans Licht. Guisan kritisierte nachträglich den Ausrüstungsstand der Armee bei Kriegsbeginn, um die kriegsmüde Schweiz am Vorabend des Kalten Kriegs wieder für eine Steigerung der Militärausgaben zu begeistern. Hätte aber die Schweiz damals tatsächlich in Waffen gestarrt (wie viele Leute heute noch glauben), wer weiss, ob sie so ungeschoren davon gekommen wäre. Hätte sie den ganzen Ausstoss der Oerlikoner Werkzeugmaschinenfabrik unverzüglich für militärische Zwecke requiriert, sie wäre bald in Sachen Fliegerabwehr zu einem schwer kalkulierbaren Machtfaktor auf dem Kontinent geworden, je nach Konstellation gefährlich für die eine oder andere Partei. Die ganze Industrie hätte sich womöglich auf Kriegsprodukte umprogrammieren lassen (viele Betriebe stellten tatsächlich um, produzierten aber ebenfalls für den Export). Alles in allem hätte sich der oft beschworene Preis, den ein Angreifer zu entrichten haben würde, in verhältnismässig kurzer Zeit gewaltig heraufsetzen lassen. Die wirkliche Kriegsgefahr wäre dadurch aber nicht kleiner geworden – im Gegenteil. Die Schweiz, statt Waffen massenhaft zu besitzen, zog es vor, mit Waffen zu handeln.

Der zugewanderte Rüstungsindustrielle hatte diesen Grundsatz schneller als mancher gute Eidgenosse begriffen. Der Bundesrat zum Beispiel liess sich durch den doch etwas peinlich niedrigen Bestand an Flabkanonen verwirren und erliess im Vorfeld des Kriegs ein Exportverbot für sämtliches Kriegsmaterial. Aber er hatte die Rechnung ohne die Kundschaft gemacht. Oerlikons Grosskunde hiess damals Grossbritannien, und das hiess etwas, denn die Engländer lieferten nicht nur Waren, welche die Schweiz unbedingt brauchte, sondern sie nahmen auch Waren ab, welche die Schweiz unmöglich sonstwo verkaufen konnte. In wenigen Wochen zog der Bundesrat das Exportverbot zurück.

Das Debakel war heilsam. In Bern hatte man soviel gelernt, dass man im Sommer 1940 nicht wieder den gleichen Fehler beging. Als Frankreich überraschend kapitulierte und die Armeen der Achsenmächte die Schweiz umzingelten, reagierte der Bundesrat nicht voreilig mit einem

Waffenexportverbot, wiewohl in dieser heiklen Situation allein ein Verbot neutralitätspolitisch über jeden Zweifel erhaben gewesen wäre. Der Inhaber der Werkzeugmaschinenfabrik beobachtete in aller Seelenruhe die militärische Entwicklung auf dem Kontinent, die ihn von seinen bisherigen Kundenabschnitt. Mit *Gelassenheit* ertrug er es, dass *250 Millionen Aufträge über Nacht zu einem Fetzen Papier* geworden waren. Ihm war völlig klar, dass die Schweiz eine wirtschaftliche Verständigung mit der Regierung Hitler suchen musste. Denn er wusste genau, dass die schweizerische Industrie (seine Firma mit inbegriffen) auf Kohle und Eisen niemals verzichten konnte, und woher sollten diese Rohstoffe kommen, wenn Deutschland und das besetzte Frankreich als Lieferanten ausfielen? Irgendwann und vermutlich ziemlich rasch würden die helvetischen Handelsdiplomaten seine Waffenschmiede als Trumpfkarte ausspielen müssen. Er täuschte sich nicht.

Nach überaus harzigen Verhandlungen unterzeichneten die schweizerischen Delegierten am 9. August 1940 in Berlin ein Wirtschaftsabkommen, mit dem der Oerlikoner Industrielle einstweilen zufrieden sein konnte. In diesem und in den zwei folgenden Jahren verkaufte er Waffen und Munition im Wert von 200 Millionen pro Jahr; die Aufträge der Schweizer Armee beschränkten sich auf einen jährlichen Durchschnitt von 10 Millionen, kleinere Mengen bezog Italien, und den grossen Rest setzte er in Deutschland ab. Er war jedoch nicht der einzige, der von der grossen Kooperation mit dem Dritten Reich profitierte. Der Export nach Deutschland blühte regelrecht auf: von 190 Millionen im Jahr 1939 kletterte er zunächst auf 280, dann auf 580, um 1942 mit 660 Millionen den Höhepunkt zu erreichen. Freilich waren es nicht nur die Ausfuhrmengen, die da anzogen, sondern auch die Preise.

Am grünen Tisch in Berlin hatte die helvetische Delegation noch andere Trumpfkarten in der Hand gehabt.

Von St. Galler Spitzen und modischen Halbschuhen einmal abgesehen, exportierte sie eine ganze Reihe von traditionellen Waren, die in kriegerischen Zeiten auf eine grosse Nachfrage stiessen. Etliche Industriebetriebe wie zum Beispiel die Uhrenfabriken waren darüber hinaus auch in der Lage, sich rasch an die veränderten Verhältnisse anzupassen. In den Verhandlungen mit Deutschland liess sich ferner der Alpentransit durch Gotthard und Simplon vorteilhaft verwerten. Vor allem aber operierte die schweizerische Diplomatie auch mit dem Kredit.

Seit vielen Jahrzehnten schon stand Deutschland am schweizerischen Finanzplatz in der Kreide. In der grossen Wirtschaftskrise der 30er Jahre war allerdings das internationale Kreditsystem völlig auseinander gebrochen, nicht zuletzt gerade deshalb, weil Deutschland seine Schulden entweder nicht mehr termingerecht, oder dann überhaupt nicht mehr zurückzahlen wollte. Neue Kredite hatte es seither kaum mehr erhalten, denn die schweizerischen Grossbanken, die etliche Haare lassen mussten, schreckten vor dem Risiko zurück. Jetzt, im Sommer 1940, trat die staatliche Nationalbank in Aktion. Hitlers Reich erhielt neuen Kredit in der Form schweizerischer Waren, die es nicht bezahlen musste. An seiner Stelle beschaffte sich die Nationalbank Geld bei den privaten Banken, zahlte dafür einen redlichen Zins und schrieb es den Produzenten gut – ein Verlustgeschäft, das sich nur der Staat leisten konnte.

Zunächst blieb der Rahmen beschränkt. Das Abkommen vom August 1940 setzte eine Limite bei 150 Millionen Franken. Ein Teil dieser Summe sollte schweizerische Lieferungen von Agrarprodukten und Aluminium finanzieren. 100 Millionen waren für den Waffen- und Munitionsexport reserviert.

Diese 100 Kreditmillionen entsprachen genau einem Halbjahresumsatz der Werkzeugmaschinenfabrik, und prompt klopften die deutschen Wirtschaftsdelegierten ein halbes Jahr später mit neuen Forderungen in Bern an. Als der deutsche Delegationschef Hemmen Zahlen nannte, glaubte der Bundesrat seinen Ohren nicht trauen zu dürfen. War Hemmen nicht ein «*arroganter Mensch, dem die deutschen Kriegserfolge in den Kopf gestiegen*» waren? Wie er einem schweizerischen Handelsexperten einmal erzählte, war er *nicht Parteimitglied*, was ihm offenbar nahelegte, sich *besonderer Rigorosität zu befleissigen, um seine Position zu sichern.* Der Bundesrat hatte deshalb die Hoffnung, Hemmen handle im Alleingang und übertreibe erheblich. Botschafter Fröhlicher in Berlin übernahm es, die Haltung der einschlägigen Regierungsstellen in Berlin abzutasten. Hemmen sei tatsächlich beauftragt, fand Fröhlicher heraus, eine Lösung zu suchen, die *die Erhöhung und beschleunigte Abwicklung kriegswirtschaftlicher Lieferungen* ermögliche. Die Erhöhung des Kredits müsse ganz beträchtlich sein, *deutscherseits denke man an eine Summe, die eine Milliarde Franken etwas überschreite.* Die Produktionskraft der Schweiz müsse mehr genutzt werden, und an der Finanzierung dürfe dies nicht scheitern: *«Ein solcher stark erhöhter Vorschuss würde als schweizerischer Baustein zum neuen Europa angesehen werden. Gewinne Deutschland den Krieg, so würde die schweizerische Wirtschaft beim kommenden wirtschaftlichen Aufbau entsprechend zur Mitarbeit herangezogen werden.»*

Ein grosser Brocken, dieser Baustein zum neuen Europa. Die massgebende Elite der Schweiz kaute lange daran. Ob der Milliardenkredit wirtschaftlich tragbar sei, war dabei nicht so sehr die Frage. Entscheidend war, dass man die weitgehende Kooperationsbereitschaft politisch verkraftete. Das Stimmvolk hatte dazu allerdings nichts zu sagen (in Kriegszeiten kamen demokratische Rechte leicht unter die Räder), und überhaupt würde die öffentliche Meinung mit dem Argument der Arbeitsbeschaffung schon zu gewinnen sein. Riskant war das Milliardengeschäft dagegen für die Neutralitätspolitik. Ihre Glaubwürdigkeit stand auf dem

Spiel. Ueberspannte man den Bogen, waren die Folgen nicht auszudenken: zum Feindland deklariert, hätte die Schweiz nicht nur auf die Warenzufuhr aus Uebersee verzichten müssen, sie wäre auch den alliierten Bombern ausgeliefert worden, und die alliierten Regierungen hätten – das war ein Alptraum für sich – das ganze schweizerische Auslandskapital in ihrem Machtbereich requiriert. Ein Mindestmass an Zurückhaltung war daher am Platz.

Zum Glück zeigte die deutsche Regierung ebenfalls ein gewisses Interesse an der Aufrechterhaltung der schweizerischen Neutralität. Sie schraubte ihre Forderung auf 850 Millionen herunter, worin die 150 Millionen vom Vorjahr inbegriffen waren. Und die Schweiz erhielt zusätzlich die Erlaubnis, mehr und vor allem anspruchsvollere Waren nach Grossbritannien und nach den USA auszuführen. Im Juli 1941, die deutsche Armee hatte eben die sowjetische Grenze überschritten, kamen die Verhandlungen zum Abschluss. Die Reaktion der Alliierten war vergleichsweise bescheiden. Die britische Regierung schrieb zwar dem Bundesrat, sie könne natürlich nicht ignorieren, *dass die schweizerische Industrie durch das neue Abkommen einen wesentlichen Beitrag zur Befriedigung der deutschen kriegswirtschaftlichen Bedürfnisse leistete.* Materiell beschränkte sie sich aber darauf, industrielle Rohstoffe, die indirekt Deutschland zugute kommen konnten, nicht mehr an die Schweiz auszuliefern. Konsumgüter, Lebens- und Futtermittel liess sie auch jetzt noch durch die Blockade passieren. Ein Klimawechsel war allerdings nicht zu übersehen.

Zwei Jahre später, im Frühjahr 1943, fand das grosse Kreditgeschäft einen höchst merkwürdigen Abschluss. Inzwischen hatte das Tausendjährige Reich den Höhepunkt seiner Macht überschritten, und an allen Fronten befanden sich die Alliierten in der Offensive. Wie der britische Handelsattaché Lomax dem Oerlikoner Waffenfabrikanten im Sommer 1942 prophezeit hatte, war der Druck auf die

Schweiz immer stärker geworden. Ende 1942 machte Grossbritannien erstmals die Versorgung mit Lebensmitteln von einer Reduktion der schweizerischen Exporte nach Deutschland abhängig. Da die deutsche Regierung sich jedem Abbau widersetzte, erneuerte der Bundesrat das 850 Millionen-Abkommen vom Juli 1941 nicht mehr und riskierte in den ersten Monaten des Jahres 1943 einen vertragslosen Zustand. Im April reiste eine schweizerische Delegation zu neuen Verhandlungen nach Berlin und machte dort *«die überraschende Entdeckung», dass die deutsche Regierung den Kredit um 250 bis 300 Millionen überzogen hatte.*

Manches war merkwürdig an diesem Fall. Der ganze Kredit, nachdem er überzogen worden war, umfasste jetzt eine *Summe, die eine Milliarde Franken etwas überschritt* – entsprach also haargenau der Forderung, die das Reich ursprünglich gestellt hatte. Umso mehr war merkwürdig, dass die schweizerische Delegation so spät und erst in Berlin ihre *überraschende Entdeckung* machte. Denkbar wäre, dass sie den Kompromiss von 850 Millionen 1941 nur auf dem Papier errungen und die Erhöhung schon damals fest in Aussicht gestellt hatte. Dann war die *Überraschung* vom April 1943 ein diplomatischer Schachzug, ausgeheckt zur Irreführung der Alliierten. Wurden die Handelsexperten jedoch in Berlin tatsächlich vor vollendete Tatsachen gestellt, so war eines klar: Deutschland allein hätte die Schweiz nicht derart überlisten können. Mindestens ein schweizerischer Lieferant hatte seine Hand ebenfalls im Spiel. Mindestens ein Komplize der Reichsregierung musste in der Schweiz zu finden sein, weil der Kredit nie in der Form von Geld, sondern in der Form von schweizerischen Waren erteilt worden war. Delegationschef Hotz, der nach dem Krieg die Geschichte von der *«überraschenden Entdekkung»* der Nachwelt überlieferte, hat selbstverständlich keine Namen genannt.

In der Nacht zum 18. Mai 1943 wurde Oerlikon bombardiert. Der Inhaber der Werkzeugmaschinenfabrik versteuerte in diesem Jahr ein Einkommen von 37 und ein Vermögen von 110 Millionen Franken.

Zeit seines Lebens ist er ein Aussenseiter geblieben.

ZWISCHENWORT VON FRAU ZU FRAU: DAS LÄCHELN DER MACHT ODER VOM SCHWEREN BERUF DER ERBIN

Laudatio für Hortense Anda, geb. Bührle, zum 30. Jubiläum als Haupterbin des Bührle-Konzerns

Es gibt Themen, die entziehen sich nicht nur exakter Datierung, sondern auch unserer Vorstellungskraft, weil das Neue nicht einfach die Fortsetzung des Bekannten ist, mit Bildern zu veranschaulichen, sondern mit nichts zu vergleichen. Das Thema spinnt sich in einen Kokon von Legenden und wird darin zum Mythos, kommt als Mythos in die Jahre – es sei denn, es werde unverhofft vom Blitz der Weltgeschichte getroffen.

Ohne Ihnen, verehrte Jubilarin Anda, geb. Bührle, nahetreten zu wollen: Sie sind ein solches Thema, ein Thema, das seinesgleichen sucht. Ein Blitz traf, wenn schon, Ihre Firma. Die Waffenausfuhrinitiative streifte den Ärmel Ihres Herrn Bruders – doch Sie als Thema blieben rein. Ihre Publicity-Scheu entzieht Sie der öffentlichen Meinungsbildung und macht Sie zeitlos.

Sie sind reich, sehr reich, steinreich. Da niemand etwas Genaues über Sie als Mensch zu sagen weiss, respektive niemand etwas von Ihnen als Person zu wissen scheint – verkörpern Sie sozusagen die Idee des Reichtums, allerdings die schweizerisch-solide Variante. Wie die Haushälterin Ihrer Freundin Vreneli Mumenthaler, Gattin des Redressement-National-Präsidenten meint, sei es *«gföörli, über riichi Lüüt öppis zäge»*, da sie sehr empfindlich seien.

Ihr Reichtum liegt also jenseits unseres Fassungsvermögens. Selbst wenn Sie dessen Last mit Spenden und Stiftungen abzuwerfen suchen, damit Ihnen und Ihrem Steuerberater ein wenig leichter werde, dann wirkt das wie abgeworfener Sand auf einer Ballonfahrt: es vergrössert den Abstand von uns zu Ihnen noch mehr.

Umsonst versuchen die Leiter Ihrer Firmen, etwa beim Bührleschen Artemis Verlag, eine Kultur zu produzieren, die, wie sie sagen, *«auf dem Teppich bleibt»*, denn die Dimension Ihres Kapitals reicht in den Kosmos, bis in die Antike zurück und geht stets *«mit Goethe durchs Jahr»* (Kalender, Luxusausgabe in Leder Fr. 22.80). So lauten die Artemis-Titel 1980: Schachspiel der Götter, Zum Mond und darüber hinweg, Leibesübungen im alten Athen, Euböische Idyllen, Max und Moritz auf griechisch, Plisch et Plum auf lateinisch in der Reihe «Lebendige Antike».

Sie sind, verehrte Jublarin, Hauptaktionärin von über 100 Firmen eines Konzerns mit einem 5-Milliarden-Umsatz: angesichts solch handfester Zahlen verbittet sich der Märchenton. Es wäre dilettantisch, von Ihnen als von einer Goldmarie zu reden, die Garn zu Gold spinnt. Auch ist das Muster des Werdegangs vom Geld Ihrer Familie, die Verwandtschaft von Geld und Geist, zu kleinkariert und übersichtlich, um mit dem amerikanischen Selfmade-Traum begriffsfest gemacht zu werden. Wir wollen der Volksweisheit glauben, dass Geld allein nicht glücklich macht, und wir sehen Sie, verehrte Jubilarin, als ein Opfer der sozialen Marktwirtschaft, die zwar am Busen des freien Unternehmertums genährt wird und daran erstarkt, die aber deren Ammen übellohnt und einem schlechten Leumund aussetzt. Geld ist bei uns besonders schmutzig. Man spricht, wenn man's hat, nicht davon. Darüber hat sich schon Ihr Herr Vater beschwert, dessen Geld, verehrte Jubilarin, Sie seit 30 Jahren nicht glücklicher macht.

Dabei hat Ihr Herr Vater sel. nicht irgendein Pulver erfunden und zu kulanten Preisen verschossen, sondern schweizerisches Qualitäts-Pulver, trocken und mit Kultur abgeschmeckt, und wenn, verehrte Jubilarin, in diesen Tagen der Firmen-Feiern Ihres Konzerns je das Wort «blutrot» fallen sollte, dann ist gewiss nichts anderes gemeint als die Farbe jener berühmten Weste des Cézanneschen Knabenporträts mit überlangem Arm. Es ist ein Prunkstück der Sammlung Ihres Vaters, das Sie entgegen seiner Vorstellung *nicht* dem Zürcher Kunsthaus vermachten, vielleicht aus Gründen eines möglicherweise irreführenden Symbolgehalts. Es fiel Ihnen gewiss schwer genug. Wir dürfen Sie in dieser Hinsicht, verehrte Erbin, beruhigen, denn wir gehen davon aus, dass heute jeder Halbgebildete weiss, dass Krieg und Kultur einander bedingen, ja, dass der Krieg die Kultur überhaupt erst hervorgebracht hat, man denke nur an Heraklit und die alten Griechen.

Sie machen uns, verehrte Jubilarin, die Würdigung nicht eben leicht, denn wir wissen nicht genau, wieviel Geld Sie haben. Wir können nicht mit Sicherheit sagen, dass Sie die reichste Frau der Schweiz sind, des reichsten Landes der Welt. Der Superlativ, der uns vieles erleichtern würde, indem er Differenzierungen erübrigt, steht uns nicht zu. Aber wir wissen, wenn wir heute von der Beschaffenheit Ihres Erbes ausführlich sprechen, dass das Wort «Vermögen» dafür zu schäbig ist; denn Ihr Erbe ist, wie wir wissen und schätzen, viel mehr als ein Erbe: es ist *ein helvetisches Vermächtnis*. Wenn gewisse subversive Kreise behaupten, dass Ihr Geld ein unanständiges Geld sei, ist das nur eine Zumutung von Neidern. Dort nämlich, wo Ihr Geld allenfalls unanständig zu werden droht, in Südafrika oder in Lateinamerika, hat es noch längst nichts mit Ihrer Person zu tun, und bis es zu Ihnen persönlich gelangt, hat es der Kapitalfluss reingewaschen.

Im Unterschied zu andern Berufserbinnen, etwa der

bundesdeutschen Henkel-Erbin Gabriele oder der Reeders-Tochter Onassis, denken Sie haushälterisch-redlich und prahlen nicht mit Ihrem Volksvermögen von mehreren hundert Millionen Schweizerfranken. Sie halten sich bescheiden zurück, wann immer die öffentliche Hand in ihrer Vulgarität zugreifen will. Ihr Reichtum könnte Berge versetzen, etwa den Pfannenstiel, den Sie zu einem gewissen Teil besitzen, und doch pflegen Sie als Tochter der Stadt Zwinglis einen puritanischen Umgang mit Ihren Gütern. Man bekommt Sie, gemessen an Ihrer Berühmtheit, selten zu Gesicht. Diese Gesichtslosigkeit von Leutsn Ihres gesellschaftlichen Ranges ist einmalig in der Welt, seit der amerikanische Milliardär Howard Hughes gestorben ist. Als Tochter eines grossen Vaters, dem nicht nur die Stadt Zürich ein halbes Kunsthaus, sondern was ungleich kostbarer ist, die Schweiz einen Ruf verdankt, haben Sie von Kindsbeinen an gelernt, der Öffentlichkeit mit ihren masslosen Ansprüchen Grenzen zu setzen. Es waren *«nicht Kreti und Pleti»*, die von der Freien Schule damals mit Ihnen nachhause kommen durften, um im Schwimmbad zu planschen, sondern ein paar Freundinnen aus anständigen Verhältnissen, die noch heute, fast ein halbes Jahrhundert später betonen, welch nettes, bescheidenes Kind Sie waren, *«jemand sehr lieber»* jedenfalls.

Ihre Anonymität: nicht dass wir das im Sinne von Bedeutungslosigkeit meinen, nein, wir möchten Sie, verehrte Erbin, wenn wir Sie «gesichtslos» nennen, vielmehr mit einer Sonne vergleichen, in die man nicht blicken kann, in deren Glanz man sich nichtsdestoweniger sonnt – in gebührendem Abstand. So beleuchtet Ihr Erbe die Schweiz, und Tausende dürfen sich in der Abwärme Ihres Reichtums vergnügen (mehr als 30000 Beschäftigte).

Wer aber zu naseweis ist, wer zu hoch hinaus will, um das Antlitz der Macht zu schauen, deren Lächeln Sie sind, verehrte Frau, wird von seinem Glanz geblendet und fällt wie einst Ikarus zutode, oder zumindest tief–zurück an die Basis (Wir haben es bei den Recherchen schmerzhaft erfahren). Gleichwohl geht es uns darum, öffentlich zu bekennen, dass wir Sie für unsere *heimliche first lady* halten. Nicht nur, weil Sie ein heimliches, nämlich das eigentliche Imperium Schweiz verwalten lassen, sondern vor allem wegen Ihrer gesellschaftlichen Umgangsformen. Stets halten Sie den angemessenen Abstand zur Plebs, zum gemeinen Volk, wahren Diskretion – im Gegensatz zu unsern Bundesratsgattinnen, die jeder hergelaufene Journalist interviewen kann.

Sie verstehen, Ihre Bestimmung zum Höheren zu einer sprichwörtlichen Unerreichbarkeit zu kultivieren. Recht so: eine richtige first lady, so finden wir, sollte für den Fussgänger nicht zu sprechen sein. Wie Sie aufs Eindrücklichste zu demonstrieren verstehen, ist eine richtige first lady stets von einem Hofstaat geschützt. Zur Leibwache einer echten first lady gehören nicht nur bodygards, Chauffeure, Zofen, die Maniküre und die Pediküre, die Friseuse und das Kindermädchen, sondern vor allem ein feldwebelartiges Faktotum, das die Agenda der first lady führt und jederzeit auch über das notwendige Taktgefühl verfügt, Besuchern und Anrufern zu erklären, die first lady befinde sich gerade in Uebersee, wenn sie sich auf der Toilette befindet.

Das sind Gaben, die unsere Bundesratsgattinnen vermissen lassen, aber wir haben ja auch nie einen richtigen Adel gehabt in der Schweiz, geschweige denn einen Royalismus, der solch höfische Souveränität einbleute. Es ist ein offenes Geheimnis, dass Sie als Enkelin eines deutschen Bankiers, und Tochter eines deutschstämmigen musischen Waffenschmiedes die schweizerischen Voraussetzungen zur ersten Dame des Landes am besten erfüllen. Denn das Deutsche in uns haben wir stets als den besten Teil des Schweizerischen empfunden. Die Eignung zur Landesverwahrung fehlt unsern Bundesratsgattinnen, solange man noch mit ihnen telefonieren kann.

Wenn wir Ihnen, verehrte Frau Anda, heute den Vorrang der Würdigung geben, so geschieht das nicht aus Galanterie, sondern im Gegenteil darum, weil Sie stets Ihren Mann zu stellen wussten. Als Tochter eines Vaters, der zu einer Zeit aufwuchs, da man den Krieg noch als das pflegte, was er war und ist, als mannhaftes, in unserem Fall winkelriedsches Handwerk. Dass man es unterstützte, wo es als echtes Brauchtum vorkommt, etwa im Iran des Schahs oder im China Tschiang Kai-Sheks, ist eine kulturelle Leistung, die auch vom völkerkundlichen Standpunkt aus zu würdigen wäre.

Wenn wir sagen, dass Sie Ihren Mann stellen, so meinen wir, dass Sie im Gegensatz zu andern Berufserbinnen eine standesgemässe Emanzipation pflegen. Frei von jeder Witterung der Boulevardpresse bleiben Sie Ihrer Berufung zur höheren Tochter treu. Sie befassen sich niemals mit unklaren oder niederen Geschäften. Sie bewiesen den Sinn fürs praktische Durchgreifen stets dort, wo sich der Mann, den Sie stellen, befand: auf dem Parkett der Musik. Als dort schillernde Machtverhältnisse eintraten, zum Beispiel an den Luzerner Musikfestwochen, deren Gönnerin Sie jahrelang waren, räumten Sie zusammen mit den Dirigenten Paul Sacher und Rolf Liebermann das Feld, ich meine, das Parkett. Denn ein Mann namens Troller versuchte damals, Musikfestwochen, deren eigentliche Aufgabe doch die Pflege des Genusses an sich ist, unnötig mit Musik aufzustokken. Durch den jährlichen Gönnerbeitrag von Fr. 5000.- und eine Beteiligung an der Defizitgarantie hatten Sie mit dem Verein der Freunde der «Internationalen Musikfestwochen Luzern» (IMFL) berühmten Musikern ermöglicht, vor einem Publikum Ihres Clans und Ihrer Firmendirektoren zu spielen. Als einzige IMFL-Gönnerin besetzten Sie den ersten Rang nicht nur an den Konzerten, sondern auch an den Hauptproben, sassen in der vierten Reihe im leeren Saal und lauschten der musikalischen Vollendungsarbeit. Die Orchestermusiker hatten wenig Verständnis für Ihren demonstrativen Kunstgenuss. Aber darf man das von Leuten, die nichts von Festivals, sondern nur von Musik verstehen, überhaupt verlangen?

Ihr ausserordentlich traditioneller Kunstsinn weiss stets das Schöne vom Guten und Wahren zu trennen. So tauschten Sie nach dem Tod Ihres Vaters einen ‹Juan Gris›, einen ‹Braque› und einen ‹Picasso›, diese Kubisten seiner Sammlung, gegen einen Sonnenuntergang von Claude Lorrain ein. Eine Tat von echter Konvention, wie sie heute nur noch selten vorkommt. Sie luden den Star-Dirigenten Sir John Barbirolli zum Gala–Diner ein, und da wagte an diesem Anlass ein Ketzer, das Ende des Beethoven-Zeitalters in Aussicht zu stellen und an die unruhige Jugend in der Welt zu erinnern. Sie waren konsterniert, erschüttert, ja, ein Entsetzen packte Sie beim Gedanken an die Apokalypse des Unvergänglichen. Das war in den politisch abstrusen Sechzigerjahren gewesen, und Sie fassten sich wieder.

Das Schöne, das Gute, das Wahre: diesen Goetheschen Geist pflegt Ihre Familie mit einer gleichnamigen Stiftung, die Kulturschaffende, welche Autoren Ihres Verlages sind und Goethe verehren, mit einem Preis von Fr. 10000.– würdigt, zum Beispiel den emeritierten Literaturprofessor Emil Staiger. In einer Zeit der zerfallenden Werte und des fortschreitenden Spezialistentums zeigen Sie der Welt, dass *Kultur unteilbar* ist. Anders formuliert: wer hat, dem wird gegeben.

Das ist auch die Devise der nach dem Tod Ihres Gatten Géza Anda gegründeten Géza Anda-Stiftung, die Nachwuchstalente anlässlich eines Piano-Wettbewerbs mit Fr. 20000.– auszeichnet. Und es kommt nicht von ungefähr, dass auf dem Gebiet der Musik, *IHREM* Gebiet, Ihre

«Madame Hortense au piano», Edgar Degas, erworben 1951 aus französischem Privatbesitz

Preispolitik so virtuos ist, dass die preisgekrönten Klavierschüler möglicherweise bereits international ausgebuchte Koryphäen sind, die keine Zeit haben, Ihren Preis persönlich in Empfang zu nehmen. Das macht nichts. Das bestätigt Ihren Leitsatz nur aufs Schönste: Kultur ist unteilbar.

Damit sie unteilbar bleibt, muss sie auf dem Boden der Landesverteidigung gedeihen, womit sich versteht, dass im Bührleschen Stiftungsrat zur Förderung des Schweizer Schrifttums, gegr. 1943, ein Militärfachman sitzen muss, der zugleich das wohl berühmteste Stück Literatur verfasste, das die Schweiz der Sechzigerjahre hervorgebracht hat: Maurice Zermatten, Autor des Zivilverteidigungsbüchleins. Die Dialektik von Krieg und Kultur hat man diesem verdienten Manne schlecht gelohnt: er wurde als Präsident des schweizerischen Schriftstellervereins abgesetzt.

Sie aber ehren sein Vermächtnis. Stets finden Sie den richtigen waffengestählten Ton. Unvergleichlich Ihr Satz, den Sie 1959 prägten: «*Aus dem Riemenschneider* (wertvolles Stück der Sammlg. Stiftung E. G. Bührle) *schöpf ich Kraft, mein Schwert am nächsten Tag neu zu schwingen.*» Das Kraftvolle des Ausdrucks widerhallt aus Ihrer Umgebung: so werden Sie von nahen Verwandten fast zärtlich «musikalische Dampfwalze» genannt. Ihre Privatsekretärinnen «*wollen Ihnen nicht in den Rücken fallen*», auch Jahre, nachdem sie den Dienst quittierten. Sie erkundigen sich erst bei der ehemaligen Chefin, der sie 21 Jahre gedient haben, ob sie sagen dürfen, sie hätten das gern getan. (Sie *haben* es gern getan.)

Die Aristokratin des Herzens, die Sie sind, schimmert aus dieser Verlautbarung Ihrer verflossenen dienstbaren Geister im Altersheim. Noch jetzt, im ausgehenden 20. Jahrhundert, haben Sie höfische Vasallinnen, die das aussprechen, was Ihnen die Etikette zu sagen verbietet: Sie tun so vieles, was keiner weiss. Diese Frauen Ihres Hofstaates sind von echtem Schrot und Korn, lüften das Klischee tüchtig aus: die Mär vom leichten Leben der Berufserbin, vom dolce far niente der Multimillionärin. Wenn diese Frauen Ihre Koffer packen, immer wieder aufs Neue, wenn sie sehen, wie Sie als Berufserbin nach Italien hetzen, von Italien nach London hasten und von London nach Uebersee fliegen, wo Sie höchstens 10 Tage bleiben können, so erkennen diese Frauen tief, dass Ihnen das Elementarste zu einem menschenwürdigen Leben fehlt: Eine Bleibe, eine Heimstatt. Sie sagen das so: «*ein Armer lebt besser als sie (Sie), das ist nicht, wie sich das der Bünzli vorstellt, schliesslich geht der ja auch in die Ferien. Sie muss ja Angst haben um ihr Leben, wo sie soviel Gutes tut, die Frau Anda, und sie will im Hintergrund bleiben, sonst bekommt sie nur Bettelbriefe.*»

Ein Hofberichterstatter drückt das anders aus. Er vermag das auszusprechen, was wir alle nur ahnen können: «*Frau Anda versucht wie viele andere Frauen, ihr Leben im Gleichgewicht zwischen den Pflichten des Berufes ... und den Aufgaben der Mutter zu halten ...*»

«*Ich frage nicht lange*», so sagten Sie einmal selbst, verehrte Jubilarin, «*man soll sich den Kopf nicht allzusehr zerbrechen, sondern einfach das Nächstliegende tun. Schliesslich sind wir auf der Welt, um Probleme zu lösen.*» Es ist uns, sehr Verehrte, ein Bedürfnis, Ihre Lauterkeit mit Ihren eigenen Worten auszumalen, die Unzimperlichkeit Ihrer Gesinnung, einfach zu leben und zu denken. Wie andere Erbinnen auch tragen Sie einreihige Ketten zum täglichen Einerlei und lassen sich von einem mittleren Schneider wie Oscar Rom im Seefeld einkleiden. Von Ihren Geschäftsreisen nach Italien, nach London und nach Amerika, erholen Sie sich dann nicht etwa, wie sich der Laie denkt, in Italien, in London oder in Amerika, sondern Sie machen Urlaub in St. Anton im Arlberg, im eigenen Haus.

Wir dürfen ebensowenig annehmen, dass Sie, wie das Vorurteil will, bloss mit Ihren Stiftungsräten speisen, die wie Thomas Wagner oder Sigmund Widmer, Stadtpräsidenten sind bzw. waren oder ehemalige Bankdirektoren wie Alfred Schäfer, sondern wir wissen, dass Sie auch mit einfachen Warenhäuslern, ja sogar mit Künstler-Volk essen, Film-Artisten von der Condor-Film und Steuerakrobaten wie dem Mumenthaler Carletto, der das Kunststück vollbrachte, nach seiner Pensionierung als Generaldirektor der Zürcher Ziegeleien ein Einkommen zu haben, und es einige Jahre nicht zu versteuern, obschon sich das Vermögen auf wundersame Weise um 4 Millionen vermehrte.

Wir kommen zur Kernfrage unserer Laudatio: wie Sie, verehrte Jubilarin, überhaupt möglich sind. Sie sind, vergleichend in Ihrer Sparte betrachtet, ein *anthropologisches Phänomen.* Obschon Sie zum Beispiel einen der höchsten Posten innerhalb eines Mammutkonzerns bekleiden, nämlich Verwaltungsrätin der Oerlikon-Bührle-Holding sind, haben Sie nichts zu sagen, zumindest im Betrieb. Sie sind eine Neureiche der zweiten Generation und führen ein Haus, pflegen einen Stil wie eine späte Aristokratin. Aber Sie denken dabei nicht etwa blaublütig, sondern durchaus bürgerlich, entwickeln geradezu soziale Neigungen, wenn man bedenkt, dass Sie 1964 nicht standesgemäß den schönen Karl Brunner, Oberstdivisionär, der ins Geschäft Ihres Vaters eintrat, zum Manne nahmen, sondern einen Flüchtling aus Ungarn. Und trotz internationalem, wenn nicht multinationalem Horizont, sind Sie, verehrte Bührle-Hauptaktionärin, eine Einheimische, eine Hiesige in höchstem Grad geblieben. Aber im Unterschied zu denen, die das Geld, das sie *nicht haben*, ausgeben, geben Sie das Geld, dass Sie haben, *nicht* aus. Eine Christkatholikin in einer protestantischen Stadt darf vielleicht nicht mit ihrem Geld verfahren, als wär's ein goldenes Kalb, und so gehen Sie lustlos damit um, kleinmütig, fast so, als schämten Sie sich eines Reichtums, der doch nicht gestohlen ist, sondern ehrbar ererbt.

Die gewisse Trauer, die auf Ihrer stillen Vita liegt, mag nicht nur daherrühren, verehrte Jubilarin, dass Ihr Gatte Géza Anda früh verstarb. Geld macht umgänglich, viel Geld, wie man weiss, macht einsam. Die Angst, dass alles für den Superreichen käuflich sei, trennt ihn als Mensch vom Menschen, macht das Menschliche an ihm so schwer erfahrbar. Wir ahnen: in der *Unentrinnbarkeit Ihrer Existenz als Berufserbin*, der fast antike Tragik innewohnt, sind Sie exemplarisch.

Ein Blick auf Ihre Heiratsgeschichte bestätigt diese Vermutung. Es traf sich, dass Sie die Musik, die Sie in ziviles Gelände lenken sollte, auch noch liebten. Die Musik vermochte Ihren Widerstand gegen die Ehe, den Sie für Ihre Kreise ungebührlich lange aufrechterhielten, zu brechen, und in die Arme eines Virtuosen zu treiben, nachdem Sie Jahre umsonst nach dem Unerreichbaren gestrebt hatten, wie auf andern Gebieten, auch in der Musik absolut.

Der Hang von Erbinnen zur Musik, denken wir an die Hoffmann-La-Roche Erbin Maya, die sich dem Dirigenten Paul Sacher verband, mag einen emanzipatorischen Grund haben. Wir neigen zum Glauben, dass Sie sich mit dieser Mésalliance, verehrte Bührle-Tochter, im Reich der Patriarchen *ein Stück Autonomie* erschliessen wollten. Von der Musik verstand der Alte nichts. Und was dem Sohn der Sport war, um aus dem Schussfeld des Vaters herauszufinden, das war Ihnen, der Tochter, die Musik.

Wir gingen, verehrte Jubilarin, von der Volksweisheit aus (vox populi vox dei), dass Geld allein nicht glücklich macht. Um die Frage, wie glücklich, das heisst in welchem Masse glücklich, ein Geld von Bührleschen Dimensionen macht, schlüssig zu beantworten, zitieren wir den französischen Ethnologen Claude Meillassoux («die wilden Früchte der Frau»), der den Zusammenhang von Produktion und Reproduktion, also die spezielle Rolle der

Ein Paar: Geza Anda und Hortense Bührle. In der christkatholischen «Christus»-Kirche in Zürich-Oerlikon wurde das Paar Hortense Bührle–Geza Anda donnerstags kirchlich getraut. Unser Bild zeigt den bekannten Konzertpianisten Geza *Anda* mit der Tochter des verstorbenen Direktors der Werkzeugmaschinenfabrik Oerlikon. Hortense *Bührle* trug ein pelzverbrämtes grünes Seidenkleid und dazu assortierte Schühlein. Die Kirche, in der die Trauung stattfand (Dörfli-/Friedheimstraße) war von ihrem Vater sel. gespendet worden.

Frau in der häuslichen Produktion erforschte. Zum Thema «Zirkulation von Gattinnen und des Heiratsgutes» schreibt er:

«... die heiratsfähigen Frauen werden im Rahmen ihrer verwandtschaftlichen Zugehörigkeit fungibel, d. h. sie verlieren in diesem Kreislauf einen Teil ihrer Identität. Die Gattin wird nicht aufgrund ihrer Eigenschaften auserkoren, sondern in Funktion einer Opportunität ... die (sowohl) dem Netz der Bündnisse, in dem sich ihre Gemeinschaft befindet ... entspringt.» (S. 79ff.)

Diese Gesetzmässigkeit gilt nach Meillassoux in den Stammesgesellschaften der Jungsteinzeit. Ihre frappante Analogie der Gültigkeit für die neureiche Oberschicht des angehenden Atomzeitalters erlaubt uns folgende ethnologische These: *Je begüterter ein Verwandtschaftssystem, desto konservativer und statischer seine Sozialstruktur.*

Wir haben, verehrte Erbin, damit nachgewiesen, dass Sie, wie wir eingangs sagten, zeitlos sind. Sie sind, wie wir jetzt wissen, eine Art zivilisatorische Konstante seit schätzungsweise 6000 Jahren. Was Sie für ein Mensch sind, braucht uns deshalb als historisch zu vernachlässigendes Detail nicht mehr zu interessieren. Dass wir daraus zugleich das Ausmass *Ihres Unglücks als wissenschaftliches Axiom* ablesen, verehrte Jubilarin, das macht uns traurig.

Liebe Multimillionärin, Sie leben Ihr Leben als Erbin, wie wir nachwiesen, trotz der Last von Jahrtausenden unter dem ehernen Gesetz des Mammons. Wie aber ist es möglich, neben dieser ausserordentlichen zivilisatorischen Leistung eine Frau wie andere auch zu bleiben?

Im Unterschied zum Beruf der Mäzenin, der mit dem Beruf der Erbin häufig verwechselt wird, kennt der zweite einen 24-Stundentag und weder freie Tage noch Ferien. Während die Mäzenin Kunst finanziell fördert und sammelt, besteht die Aufgabe der Erbin darin, die Kunst, die sie geerbt hat, verwalten zu lassen, eine Arbeit, die ungleich mehr Toleranz voraussetzt. So handelt es sich bei Frauen wie etwa Katharina de Medici, Katharina der Grossen und Peggy Guggenheim um gewöhnliche Mäzeninnen, während Sie eine der letzten reinen Erbinnen sind.

Die Hauptfunktion der Erbin besteht darin, ein Vermögen verwalten zu lassen, das sich unaufhörlich von selbst vermehrt. Wer schon einmal auf einer Kaninchenfarm gearbeitet hat, wer je ein Wespennest auszurotten versuchte, der weiss, was das bedeutet.

Nicht unbedingt ist das Produkt der Vermehrung ein gefälliges Produkt. Es kann, wie in unserm Fall, vorkommen, dass der Erbin das Erbe gar nicht in allen Details gefällt. Was aber ist schwieriger, als ein Leben lang der Verderbtheit von Picassos, Dufys, Cézannes, Gauguins, Renoirs, Degas', Van Goghs und erst Toulouse Lautrec's ausgesetzt zu sein, die das gesunde Weltbild trüben? Verehrte Jubilarin, Sie haben den besten Weg gewählt, dieses heikle Problem zu lösen, und in der Schweiz kann der beste Weg nur der Mittelweg sein. Sie haben das Private gerade so öffentlich gemacht, dass es noch klar als privat zu erkennen ist: In der Intimsphäre der grosselterlichen Villa mütterlicherseits, an der Zürcher Zollikerstr. (Eintritt Fr. 5.50) gelingt es, all den Meisterwerken den musealen Charakter zu nehmen, der ihnen in einem staatlichen Museum unverweigerlich gedroht hätte. Zudem ist nicht mit Sicherheit festzustellen, ob es sich bei jenem Drittel der Sammlung E. G. Bührle, das Sie dem Kunsthaus schenkten, überhaupt noch um Kunst handelt. Denn kein geringerer als der damalige Bundesrat Philipp Etter, ein Jagdkamerad Ihres Vaters, hat das Kunsthaus mit einer «*geistigen Waffenschmiede*» verglichen. «*Was Emil Bührle dem Zürcher Kunsthaus schenkte*», schrieb er in der Festschrift zur Uebergabe der Sammlung anno 1958, «*ist die Vergeistigung des Wirtschaftlichen.*»

Eine Voraussetzung zum schweren Beruf der Erbin ist

das *paten*-schaftliche Denken, nicht zu verwechseln mit dem *partner*schaftlichen Denken. Diese Qualitäten sollten in gesunder Bergluft geschult werden. Das hochalpine Töchterinstitut Fetan, Engadin, erzieht für 20000 Fr. Schulgeld pro Jahr höhere Töchter zu nützlichen Mitgliedern der besseren Gesellschaft. Wo Berge sich erheben, da entsteht nicht nur «das Gefühl des Emporgehobenseins durch Besitz», das der amerikanische Kunstsammler Thomson für Erbinnen von Kunst für unerlässlich hält, sondern auch die erforderliche eiserne Konstitution. Aufs Beste gedeiht in Fetan das patenschaftliche Denken, denn im Prospekt lesen wir: «Neue und junge Schülerinnen werden von älteren durch eine Patenschaft bei ihrem Eintritt in die Internatsgemeinschaft eingeführt und auch später ... betreut. Auf diese Weise kann sich jedes Mädchen in die Gemeinschaft eingliedern und sich darin wohlfühlen.»

Ein besonderes Anliegen ist laut Prospekt in Fetan die musische Erziehung, und wir brauchen Sie, verehrte Fetan-Absolventin, nicht mehr zu fragen, woher Ihre phänomenale Gabe des Bilderhängens (das Teuerste immer zuvorderst) stammt: «Zum zweiten müssen die Schülerinnen zu selbständigem Handeln und Denken erzogen werden. So kann zum Beispiel jedes Mädchen sein Internatszimmer selber gestalten.»

Es muss hier einmal in aller Form betont werden, dass das patenschaftliche Denken nichts zu tun hat mit dem in der Politik grassierenden sogenannten Lobbyismus, der ein rein mittelständisches Phänomen darstellt. Eine Lobby haben auserwählte Kreise wie die Ihren, verehrte Erbin, gar nicht nötig, denn Sie sind ja bereits unter sich, wenn die Entscheide fallen. Im intimen Rahmen der Beschlussfassung, sei sie wirtschaftlicher oder kultureller Natur, wobei nach Alt-Bundesrat Etter das eine immer *«das Gegengewicht zum andern»* ist, darf nun Ihr Sohn als Erbe heranwachsen. Es heisst, dass er in der für Kinder so wichtigen patenschaftlichen Nestwärme bereits das technische Geschick des Grossvaters Bührle entfalte, Ihr 16jähriger Gratian Béla.

DER ERBE:
DR. DIETER BÜHRLE
(*1921)
ARMEEOBERST (DISP.),
INDUSTRIELLER (PENS.)

Vater und Sohn, 1956

Hauseingang, 5-Zimmer-Whg. (mit Weihnachtsdekoration), Zumikon

Der Waffenläufer D. Bührle (links), Auszug

Werkzeugmaschinenfabrik Oerlikon (hinten links), 1981

Steuerausweis

für

Herrn
Dr. Dietrich Bührle
Dorfstr. 24

8126 Z u m i k o n

Staatssteuereinschätzung ~~provisorisch~~ / definitiv

Jahr	Reineinkommen Fr.	Reinvermögen Fr.
1980	Z: 6'733'300.--	Z: 457'552'000.--
	G: 6'750'500.--	G: 458'180'000.--

Z = Kanton Zürich
G = Gesamt

Ort und Datum 8126 Zumikon, 10. April 1981

Gebühr Fr. 3.--

Stempel / Unterschrift
Gemeindesteueramt
Zumikon

Steuerausweis «Dr. D. Bührle» laut Steuerregister (1981)

DER MITTELLÄUFER

Es war erstaunlich, dieses Laufvermögen des jungen Juristen, der 1956 nach dem Tod seines Vaters die Firmennachfolge antrat. Das Feldhandballfeld mass in der Länge seine guten hundert Meter, da konnte einem als Mittelläufer schon mal die Puste wegbleiben, wenn man die Verbindung zwischen Verteidigung und Angriff herzustellen hatte. Schlecht trainiert war er indessen nicht, der Sohn des Firmeninhabers. Das Militär hatte ihm hier viel geholfen, mit neunzehn schon Leutnant, als Offizier dann Teilnehmer an verschiedenen Waffenläufen; er rangierte stets im vorderern Viertel des Teilnehmerfeldes. Wichtig bei solchen Gewaltsleistungen wie etwa dem «Frauenfelder» war der Wille, den *toten Punkt* zu überwinden, eine Fähigkeit, die auch im Geschäftsleben nützlich werden konnte. Dem Vater war zu beweisen, dass auch der Sohn seinen Mann stellen konnte, in Domänen überdies, wo der alte Kunstmäzen nie viel zählte – es sei denn, man erachtete den Adjutantenrang in einem reichsdeutschen Kavallerieregiment als militärische Ehre, was schwer fiel.

1956 dann plötzlich auf sich allein gestellt nach dem unerwarteten Tod des Vaters zeigte sich der Wert dieser Leidenschaft: Die Direktoren aus der Generation des Vaters schafften den Rank in die Moderne nicht mehr, zweifelten ausserdem an den Fähigkeiten und der Erfahrung des jungen Juristen, der erst seit wenigen Jahren in der Firma war. Er war zu Beginn der fünfziger Jahre noch rasch in die Fremde geschickt worden, in die USA und nach Indien, von wo er sich über *Nehrus* Reserviertheit gegenüber Ausländern beklagte. Reserviert hatte sich im Grunde auch der Vater gezeigt, der von den zivilen Fähigkeiten des Sohnes zu Lebzeiten nie restlos überzeugt schien, ihn noch bei den Fünfzig-Jahr-Feierlichkeiten im Hallenstadion an Tisch C verbannt hatte. Das konnte auf die Direktoren seine Wirkung nicht verfehlen; sie orientierten sich nach dem Tode des Patriarchen an den alten Grundsätzen. Herr *Direktor Weiss* etwa, der Pionier in der Drehbankkonstruktion, hatte diese Fabrik schliesslich schon mit der Eröffnung 1906 betreten, da ändert man nicht alle Tage seine Einstellung.

Der Sohn – soviel war nach dieser Ausgangslage klar – musste sich seine eigene Hausmacht aufbauen. Was lag näher, als auf seine Freunde aus Militär und Sport zurückzugreifen, die auch gerade auf dem Sprung ins Leben waren und denen der rentable Ruf nach Oerlikon nicht ungelegen kommen konnte? Es folgte die Zeit der Sesselwechsel in Oerlikon, die *«Aera der neuen Doktoren»*. Ein bisschen mochten auch glückliche Umstände diesen Generationenwechsel beschleunigt haben, Herr Direktor Weiss stand kurz vor der Pensionierung, dem *Direktoren K.* wurde der Bahndamm in Rheinfelden zum Verhängnis und der tüchtige *Direktor V.*, Hauptaktionär am Gemsstock, übersah einen Schacht seiner eigenen Seilbahn.

So waren im Lauf der Jahre Plätze frei geworden für die Handballkollegen, für *Dr. Dürst* und *Dr. Strohmeier*, später auch für *Dr. Winkler*, der es bis zum Finanzchef bringen sollte. Handball war in der Schweiz seit seiner Einführung vor allem im Mittelschul- und Polizeisportbereich verbreitet, etwas gepflegter als Fussball auf jeden Fall; es war jener Ballsport, der auf den Schulhauspausenplätzen des Zürichbergs einzig erlaubt war, einzig erlaubt auch auf dem Parkett der ehrwürdigen Kantonsschulhallen am Pfauen unter der Inschrift *«Sit mens sana in corpore sano»*. Ein gesunder Sportgeist war in jenen Körpern, alle fürs Geschäftsleben wichtigen Eigenschaften wurden hier gefördert: Einordnung in die Mannschaft, Laufvermögen, Wurfkraft, Täuschung des Gegners und – wenn der Schiedsrichter nicht hinsah – durfte man am Kreis ruhig auch einen Gegenspieler auflaufen lassen, vielleicht noch den Ellenbogen etwas vorstrecken, *«auf den Körper gehen»* heisst das in der Fachsprache der vollkommenen Konkurrenz.

So ganz ohne Hirn kommt dieser Kopfsport natürlich nicht aus; Gehirn einer Mannschaft sind Coach und Trainer, diese Funktion erfüllte im renommierten Grasshoppers-Handballclub der legendäre *Karl Schmid*, ein sichtlich gestrenger Mann mit markanten Brauen, die sich auch nicht lockerten, wenn seine Mannschaft uneinholbar vorne lag. Er hatte seine Sporen im Rudern abverdient, der Schmid-Vierer war in den dreissiger Jahren eine gefürchtete ungestüme Crew, Henley-Siege in Serie, Europameistertitel und gleich zwei Medaillen an der Berliner Olympiade von 1936. Mit solchen Titeln lässt sich ruhig auf der Bank sitzen. *«Schmudle»*, wie ihn seine Freunde auch etwa liebevoll nennen, bestimmte Taktik und System der Mannschaft, nominierte die Startaufstellung und wechselte während des Spiels die ermüdeten und zu wenig einsatzfreudigen Akteure aus; Gehirn und väterliche Hand der Mannschaft in einem. Klar, dass diese Fähigkeiten den jungen Mittelläufer beeindruckten. Er hatte als Knabe auch gerudert und natürlich zum Schmid-Vierer aufgeschaut, spielte nun mehrheitlich in der zweiten Mannschaft, neben dem Laufvermögen fehlte etwas die Brillanz, aber nach guten Leistungen wurde er aushilfsweise durchaus in die erste Mannschaft aufgeboten, seiner Bescheidenheit wegen beliebt bei Mitspielern und Coach. Was lag näher, als sich das gestrenge Auge von Karl Schmid auch in der Firma nutzbar zu machen? Dort waren Härte und System mit der Zeit mehr und mehr gefragt und so rückte Schmudle im Alter noch in den Beraterstab der Firmenleitung auf, be-

Grasshoppers-Club Zürich, Handball, 2. Mannschaft, Regionalmeister während des Krieges
(stehend v. l. n. r.: Dr. Fritz Strohmeier, Generalsekretär Oerlikon-Bührle; Rolf Glatt; Dr. Fredy Ernst, Jurist; Richard Schait, Direktor Bankgesellschaft; Rudolf Lilienqvist, Architekt; Göpf Bachmann, Versicherungsdirektor; Dr. Ruedi Kupfer, Ing.-Chem.;

sitzend v. l. n. r.: Dr. Dieter Bührle, VR-Präsident Oerlikon-Bührle; Guido Valentini; Hans Buttscherait, pens. Direktor Oerlikon-Bührle-Immobilien; Ruedi Setz; Dr. Jörg Haemmerli, Jurist) stimmt wie zuvor die Spieltaktik seither die Geschäftstaktik und scheut sich auch nicht vor Auswechslungen.

Mit gut eingespielter Mannschaft durfte schon früh die Reorganisation des Betriebes an die Hand genommen werden. Der verstorbene Patriarch hatte bei Nähe besehen ein Durcheinander hinterlassen, hatte im Alter die Ruhe verloren und sich mit dem Waffengeld kreuz und quer durch den Aktienmarkt gekauft: Textil- und Büromaschinen, Halbzellstoffe, Feuerleitgeräte, Fischmehl und Landwirtschaftsprodukte wurden in den rund zwanzig Gesellschaften des Gemischtwarenkonzerns hergestellt, daneben ein Buchverlag, eine Bank und Hotels betrieben. Organisatorisch hatte sich der Konzern streng auf die Person des Firmengründers ausgerichtet, schlechte Voraussetzungen für eine mannschaftsdienliche Spielweise.

Es gehörte nie zu den Fähigkeiten des Sohnes, in neue Branchen vorzustossen, den Gegner mit gerissenen Spielzügen zu täuschen, aber er verstand als getreuer Verwalter des väterlichen Erbes, die bestehenden Produktelinien zu vertiefen, die unrentablen Betriebe zu schliessen und gut bei Kasse zu bleiben. So wurde in den sechziger Jahren die Herstellung von Büromaschinen aufgegeben, die Fabrikations- und Vertriebsrechte an die amerikanischen «Litton» verkauft, die Textilmaschinenproduktion eingestellt und der Plastiksektor zurückgeschraubt. Der Aufbau einer eigenen Rüstungsproduktion in den USA wurde frühzeitig abgeblasen; Beteiligungen an den drei deutschen Gesellschaften «Waggons- und Maschinenbau AG», der zum Flick-Konzern gehörenden «Dynamit Nobel AG», der «Kienzle Uhrenfabriken GmbH» und an der «Schweizerischen Industrie-Gesellschaft (SIG)» wurden verkauft. 1965 verfügte der Konzern über rund dreissig Millionen Franken liquide Mittel, die offenen Reserven überstiegen das Aktienkapital um das Zehnfache. Der Verwalter durfte zufrieden sein.

Gleichzeitig stellte der Mittelläufer seine Fähigkeit des Ballverteilens unter Beweis: Die ehemalige Verwaltungsgesellschaft wurde 1964 zur Holding, anlässlich einer Obligationenanleihe wurde ein erster Geschäftsbericht veröffentlicht. Die Werkzeugmaschinenfabrik wurde von der Personengesellschaft zur Aktiengesellschaft umgewandelt und später auch der Holding unterstellt.

1967 dann war die erste grosse Reorganisation beendet. Der junge Firmeninhaber enthob sich seiner Doppelrolle als Konzernleiter und Chef der Werkzeugmaschinenfabrik und beschränkte sich künftig auf die Aufgabe der Konzernleitung. Die verschiedenen Töchter wurden zu einheitlichen Gruppen zusammengefasst. Jede Gruppe hatte fortan ihren Direktionspräsidenten, jeder Direktionspräsident seine beratenden Stabsstellen und über den Töchtern wachte ein Finanzwesen, das laufend über Erfolge und Schwächen informierte. Konzernweit wurde mit rund 15000 Beschäftigten in dieser Zeit schon nahezu eine Milliarde Franken umgesetzt.

Wer sich später in der GC-Handballmannschaft bewährte, durfte weiterhin überwechseln: *Bruno Schmid*, gefürchteter Goalgetter in den sechziger Jahren, hart im Geben, hart im Einstecken, holte sich einen Kreisläuferposten als Vizedirektor, Leiter der Gruppe *«Textil»*. *Michael Funk*, als Torhüter in der Halle von so mancher Stürmergranate gehärtet, durfte sich in jungen Jahren schon Direktor nennen, und ist als Leiter der Gruppe *«Wehrtechnik»* jederzeit für die Übernahme höherer Aufgaben gerüstet.

Ganz ohne Militär- oder Sportvergangenheit sitzt heute kaum einer in der Konzernzentrale im Guggach. Am besten dran ist natürlich, wer sich als Mittelläufer und Oberst zusätzlich über eine juristische Vorbildung ausweisen kann, wie etwa der Firmeninhaber selber. Er fand neben seinen sportlichen Leidenschaften, zu denen ausserdem Jagen und Bergsteigen gehören, Zeit zu einem Rechtsstudium, das er mit einer Doktorarbeit über die Lohnabtretung des Arbeitnehmers abschloss. Diese Publikation hat ihr Ansehen bis heute bewahrt, weil sie sozialpolitisches Verantwortungsbewusstsein durchaus erkennen lässt.

Das Pomponius-Leitwort seiner Arbeit mochte der junge Jurist Sport, Militär und Geschäft gleichermassen zugedacht haben: *«Plus cautionis in re est quam in persona.»* *(«Die Sache gewährt grössere Sicherheit als die Person.»)*

KONTAKTE

Wie Waschmittel und Zigaretten verkaufen sich auch Waffen nicht von selbst. Vertreter im Aussendienst sind nötig. Mit Rücksicht auf die Höhe des Kaufpreises sind die Vertreter im Waffenverkauf entsprechend vornehmer, nicht im firmeneigenen Mittelklassewagen mit Reklameschildern unterwegs, sondern tummeln sich unauffällig in den Hallen der Parlamente, Sitzungszimmern der Kommissionen und Militärspitzen. Sie knüpfen Kontakte an, informieren und übernehmen die Rechnungen bei Geschäftsdiners mit beiläufigem Augenzwinkern.

Direktkontakte sind in dieser Branche wichtig.

Die Oerlikoner Firma darf seit langem auf freundschaftliche Beziehungen zu militärischen und politischen Stellen zählen. Bis hin ins Ausland, wo eine grosszügige Spesenregelung im Aussendienst ohnehin unabdingbar ist. Freundschaftlich verbunden war man in Deutschland etwa mit dem ehemaligen Flab-General *Schütte-Felsche*, der das Geschäft mit den fünfhundertsiebzig Flabpanzern «Gepard», einer Contraves-Entwicklung, so erfolgreich durchzog. In der Schweiz, mit dem *«schönen Karl»*, Oberstdivisionär Karl Brunner, der zunächst gar in die Gründerfamilie einzuheiraten schien, sich dann aber mit dem Eintritt in die Firma begnügte. Nützlich vor Jahren schon die Freundschaft mit Alt-Divisionär Burkhardt, in der Folge auch mit dem Generalstabschef Gygli oder den Brigadegenerälen Meier und Millioud, die alle den Weg in die Firma fanden. Dazu war man stets mit einer Vielzahl von Offizieren in «unteren» Chargen verbunden, die beim Erstellen von Reglementen behilflich waren. Nicht zu vergessen natürlich die Militärpublizisten vom Schlage eines *Herbert Wanner* (Divisionär) und *Dominique Brunner* (PR Agentur Rudolf Farner), die militärische und kommerzielle Interessen professionell zu vernetzen wissen.

Das andere Bein im Aussendienst war zeitig im zivilen Bereich aufgebaut worden. Direkte Interessenvertreter im Parlament konnten nichts schaden. Bekanntermassen nützlich zeigte sich für Oerlikon auf dem politischen Parkett etwa ein *Otto Wenger*, Nationalrat von 1963 bis 1971, nebenher Direktor in der Firmenleitung; später auch der Nidwaldner Nationalrat *August Albrecht*, gleichzeitig im Parlament wie auch in den Verwaltungsräten der Pilatus-Werke in Stans und in der Holding in Zürich (bis 1983). Der Innerschweizer Lobbyist war kurz vor dem Prozess zusammen mit dem Zürcher Wirtschaftsvertreter *Fritz Honegger* (später Bundesrat) in den Verwaltungsrat geholt worden, um als Vermittler zwischen dem Bundesrat und der Firma das allseitige Vertrauen wiederherzustellen. Das Loch, das die beiden Rücktritte für Oerlikon in Bern rissen, konnte später durch einen in Stadt und Land, Feld, Wald und Wiese gleichermassen beliebten Zürcher Interessenvertreter gestopft werden: Oberst *Rudolf Reichling*, SVP, Stäfa. Reichling sitzt seit 1983 im Verwaltungsrat der Holding, nachdem er zuvor schon acht Jahre im Nationalrat abgehockt hatte. Er war ein Ruderkollege des Firmeninhabers und soll *«politische Verbindungen herstellen und erleichtern»*. Während der Abstimmung über die Lizenzvergabe bei der Beschaffung des «Leopard 2» an die Tochterfirma Contraves in der Nationalratsdebatte vom 11. Dezember 1984 hat er sein Pfötchen nur rasch und beinahe unwillig gehoben, denn eben hatte der Zürcher POCH-Vertreter verlangt, dass interessengebundene Nationalräte («Wer regiert die Schweiz?») ihre Mandate offenzulegen hätten.

Und *Ruedi Friedrich*! So wetterfühlig der Winterthurer als Bundesrat war, so beinhart war er als Nationalrat! Wie er sich 1978 ins Zeug legte, als das ohnehin löchrige Kriegsmaterialgesetz noch weiter perforiert werden sollte, das verriet weniger den hochsensiblen Junggesellen als den rastlosen Vorstadt-Protestanten. Seine im November 1978 mit 126 Unterschriften eingereichte Motion verlangte, den Begriff des *«Spannungsgebietes»* im Sinne von Artikel 11 des Kriegsmaterialgesetzes *«im Hinblick auf die Erhaltung von Arbeitsplätzen»* enger zu umschreiben. Obwohl der Bundesrat die Motion nur als Postulat entgegenzunehmen bereit war, stiess Friedrichs Anliegen selbst in dieser unverbindlichen Form nicht auf taube Ohren, spätestens seit der Winterthurer ihm ab 1983 an den Bundesratssitzungen selber Nachdruck verschaffen konnte. So gilt beispielsweise die Türkei heute nicht mehr als «Spannungsgebiet», nachdem sich die Spannungen im Bosporus nach Inhaftierung und physischer Liquidierung von rund 20000 Oppositionellen in den vergangenen fünf Jahren offensichtlich entschärft haben. Und wenn Taiwan nicht aus der Schweiz beliefert werden darf (Bundesratsentscheid vom 23.11.83), dann nicht, weil es *«Spannungsgebiet»* wäre, sondern weil Lieferungen gegen das *«Landesinteresse»* der Schweiz verstossen würden, das derzeit eher auf den potentiellen Markt von einer Milliarde Konsumenten in der Volksrepublik China gerichtet ist. So wird die über 50-jährige Verbundenheit mit *Tschiang Kai-Shek* künftig von Italien aus bekräftigt werden müssen.

Auf solche Leute ist Verlass. So darf man sich dann nicht etwa wundern, wenn der blühenden Tochter im Konzern, der Seebacher Contraves, im Jahre 1975 310 Millionen Franken aus dem *Krisen*-Arbeitsbeschaffungsprogramm ausgeschüttet werden – wohl in Sorge um die zusätzlich eingestellten 174 Arbeitskräfte. Es war dies ausgerechnet in jener Zeit, als die nicht untreffend benannte Hauszeitschrift *«Contact»* ohnehin von einem *«Rekordzuwachs der Firma auf der Talsohle der Rezession»* berichten durfte. Vereinzelte Sozialdemokraten, denen die staatlichen Rüstungsbetriebe näher am Herzen liegen, meinten zwar, sie müssten der Firma die Gewinne aus dem Vorjahr vorrechnen, doch Fraktionssprecherin *Lilian Uchtenhagen* empfahl zuguterletzt dem Nationalrat *«in einer objektiv und fair abgefassten Rede, auf das Programm einzutreten»*, so der damalige Contraves-Verkaufsdirektor *Walter Hochstrasser*, der auf der Ratstribüne die Verhandlungen mitverfolgte und am Schluss befriedigt festhalten durfte: *«Mit Stolz dürfen wir hier erwähnen, dass Bundesrat Brugger am Schluss seines Referates speziell unsere Firma als Empfänger der Bestellung über 45 Skyguards erwähnte und dabei festhielt, dass es sich bei uns um eine vorzüglich geführte Firma und sozial vorbildliche Unternehmung handle.»* Perfekte Inszenierung. Bravo.

Doppelt begehrenswert ist natürlich, wer Zugang zu militärischen und politischen Entscheidungen hat, etwa wer als Oberst in der nationalrätlichen Militärkommission sitzt und zugleich Stadtpräsident der grössten Schweizer Stadt ist. Während sich der alte Stapi *Emil Landolt* an Festlichkeiten mit einem rechten Tropfen gewinnen liess, daselbst auch immer für eine Rede zugunsten des Firmengründers gut war, traf man sich mit seinem Nachfolger im Zürcher Stadtpräsidium auf der Ebene des Geistes und der Materie zugleich: *Sigmund Widmer* im Stiftungsrat der von der Gründerfamilie errichteten Goethe-Stiftung, *Dr. phil. Widmer* als Autor im hauseigenen Artemis-Verlag, *Dr. S. Widmer* im Verwaltungsrat der mitbegründeten Hoch-Ybrig-Bahnen, *Dr. S. Widmer* in der Hauszeitschrift «Contact» anlässlich der Neueröffnung der Contraves Seebach. Ob so viel Verwandtschaften durfte man ruhig auch einen kleinen Beitrag in den Wahlfonds des Stadtpräsidenten leisten. Sollte es je wieder zu einer Eigenentwicklung eines Schweizer Kampfpanzers kommen, wer wäre besser geeignet, im

Unsere Werkbesucher

Kontakte: Dieter Bührle mit Bundesrat Gnägi und südkoreanischer Handelsdelegation; Charlotte und Hortense Bührle im Gespräch mit dem «schönen Karl»; Generalstabschef Vischer, Divisionär Mabillard und der französische Generalstabschef Maurin auf Besuch bei Contraves.

Parlament für Contraves vorzuspuren als *Nationalrat* und *Oberst Sigmund Widmer*?

Alles in allem darf nicht erstaunen, dass diese vielseitigen Kontakte der Firma seit dem zweiten Weltkrieg rund zehn Prozent der gesamten schweizerischen Rüstungsausgaben nach Oerlikon fliessen liessen, währschaft erstmals für die 20-Millimeter-Kanone in den fünfziger Jahren, danach für die 35-Millimeter-Kanone samt Fledermaus in den sechziger Jahren, für die Skyguards seit 1976, Pilatus-Ausbildungsflugzeuge immer wieder, Entwicklungskredite hie und da, Munitionslieferungen am laufenden Band. Die Aufträge des Bundes werden auch inskünftig nicht ausbleiben; kleine Werbegeschenke, Einladungen im Einzelsprung für Parlamentarier und Generäle ins firmeneigene Hotel Airport reichen durchaus. So unzugänglich wie der seinerzeit zurückgetretene Brigadekommandant, der selbst ein vorweihnachtlich zugesandtes Edelglas mit Waffenverzierung an die Contraves zurücksandte, zeigen sich Angesprochene in der Regel nicht. Bund und Firma sind im gegenseitigen Interesse verzahnt – das nennt sich Synergie. Das Ganze ist mehr als die Summe seiner Teile.

So kann sich auch der Bund in der Gegenrichtung das Fachwissen der Firma zunutze machen. Nicht nur, dass die Armee mittelbar im Truppenbetrieb vom Ausbildungsstand des Werkkaders profitiert, sich überdies auf deren Erfahrungen auf ausländischen Waffenplätzen abstützen kann, die Firma empfiehlt sich auch unmittelbar als verlängerter Arm des Nachrichtendienstes. *«Nach den Dummheiten des Nachrichtendienstes während der letzten zwei Jahre, die uns im Ausland sehr viel Kredit gekostet haben, ist der nachrichtendienstliche Wert dieser Firma sehr hoch zu veranschlagen»*, anerkennt ein hoher EMD-Offizier. Wenn der Konzern in Le Bourget oder Farnborough mit grossen Ständen vertreten ist, werden dem EMD am Schluss diskret Tonbänder zugesteckt, die Statements und Vorträge russischer Generäle enthalten. Wenn Contraves für Deutschland einen Flabpanzer entwickelt, erhält sie genauere Angaben über NATO-Konzeptionen, klarere Feindbilder auch als das EMD. Auch wenn die Oerlikoner Mittelkaliber-Flabgeschütze in Indien mit russischen Systemen konkurrieren, sind diese Erfahrungen direkter und hautnaher als die Berichte des EMD-Nachrichtendienstes. So sind Direktoren aus der Oerlikoner Schule militärisch auf höchster Ebene gefragt: *Alfred Gerber*, Contraves-Direktor und rechte schweizerische Hand des Firmengründers E. G. Bührle, war schon in den fünfziger Jahren in den Fachausschüssen der Schweizerischen Kriegstechnischen Gesellschaft hoch gefragt; Professor *Ernst Brem*, jahrelanger Direktor der Werkzeugmaschinenfabrik, wurde in die Rüstungskommission berufen, *Walter Roth*, Holding-Direktor, in die Kommission für Fernmeldetechnik und Elektronik. Als sich die Gruppe für Rüstungsdienste 1984/85 zu Systemerprobungen der Panzer- und Fliegerabwehrwaffe «Adats» bereit erklärte, war das nicht nur selbstlos. Die Experten des Bundes kamen so immerhin quasi durchs Guckloch zu intimen Kenntnissen des pulsierenden Laserstrahls von *Martin Marietta Aerospace*, mithin also zum Einblick in US-Hochtechnologie, wie sie der Marietta-Konzern auch in den Kampfhubschrauber «AH 64» einbaut – ein Leckerbissen für angefressene Militaristen.

Wie jede gute Ehe ist die Beziehung zwischen Bund und Firma von Konflikten nicht frei, daraus kann man lernen. Erste Zerwürfnisse datieren noch aus der Vorprozesszeit: 1965 lief der britische *Bloodhound* in der Gunst des Bundes der von Contraves entwickelten Fliegerabwehrrakete «Kriens» den Rang ab, was dem Firmengründer immerhin rund dreissig Millionen und dem Bund siebzig Millionen Franken an vertanen Entwicklungskosten zu stehen kam. Auch noch Mitte der sechziger Jahre zeigte der Bund der firmeneigenen Panzerabwehrrakete *Mosquito* die kalte Schulter und kaufte stattdessen die schwedische *Bantam*.

Aus jüngerer Zeit dann die Panne mit dem Schweizer Kampfpanzerembryo, nachdem die Oerlikoner Lobbyisten in Bern eifrig gewetzt hatten, Farners Mitarbeiter *Brunner* und *Wanner* gemeinsam die Werbetrommel gerührt hatten und der Firmeninhaber ehrenwörtlich versprochen hatte: *«Wenn die Contraves sich zur Lieferung eines Kampfpanzers verpflichtet, dann ist selbstverständlich meine persönliche Garantie dabei.»* Ein Entwicklungskredit in Höhe von 37 Millionen Franken wurde noch bewilligt. Bald aber lagen sich die mitbeteiligten Schweizer Firmen *Sulzer, Georg Fischer, FFA, Saurer, Von Roll usw.* und die federführende *Contraves* kräftig in den Haaren, nachdem die Oerlikoner Tochter Projektübersicht, Termin- und Kostenplanung allzu sorgsam für sich behütet hatte. Der Konzerninhaber musste sein Ehrenwort nie einlösen, es war ohnehin rasch klar, dass die massgeblichen Generäle auf den Leopard gesetzt hatten und jeden Franken für die Entwicklung eines Schweizer Panzers für unnötig erachteten. So ganz unglücklich ob des negativen Entscheids waren schliesslich auch die Contraves-Ingenieure nicht, hätten sie sich doch in den nächsten fünfzehn bis zwanzig Jahren voll auf den Panzer konzentrieren müssen und dabei ihre heute international starke Stellung für Feuerleitgeräte gefährdet.

Als Trostpflästerchen erhielt die Contraves schon 1980 vom Vorsteher des Eidgenössischen Militärdepartements die Generalunternehmung für die Beschaffung eines ausländischen Kampfpanzers zugeschanzt. Das sollte sich mit der Zeit immerhin als 2-Milliarden-Auftrag für die Schweizer Industrie entpuppen, der die Contraves-Ingenieure ausserdem auf den neuesten Stand der Kampfpanzer-Technologie bringt. Ebenso wie die Beschaffung von 380 Exemplaren des «Leo 2» die Schweizer Armee kompatibel für NATO-Strategien in Westeuropa macht, so wird die Contraves über die Know how-Vermittlung besser integrierbar in die NATO-Rüstungsindustrie, die nie Kompatibilitätsprobleme mit der US-Industrie hatte. Ausgeheckt in Brüssel oder Washington werden Panzerschlachten im Schweizer Mittelland jedenfalls denkbarer als von Bern aus, wo das Rattern und Knattern der Krauss-Maffei-Motoren und Rheinmetall-Kanonen die Amtsstuben selber erschüttern und den Beamten noch das Kaffeetrinken verleiden müssten.

Eine andere leidige Geschichte ergab sich im Anschluss an den unberücksichtigten firmeneigenen *Flabpanzer*. Der Bund entschloss sich, Tiefflieger wider die Oerlikoner Firmeninteressen mit dem britischen Rapier-Lenkwaffensystem zu bekämpfen. Dabei wurde für einmal selbst eifrigsten Druckbemühungen aus Oerlikon standgehalten, das Gestell – ein modifiziertes Panzer 68-Chassis – war undiskutabel wenig stabil, der Motor zu schwach, im Verband fiel der Panzer nach jedem Hügel zurück, war für die Schweizer Topographie ungeeignet, ausserdem schien der technische Stand des Feuerleitrechners veraltet. Trotzdem versuchte die Firma bis zuletzt ins Geschäft zu kommen, lief gegen das konkurrenzierende britische System Sturm. Der Firmeninhaber persönlich sprach bei *Chevallaz* und *Grossenbacher* vor, seine Offiziere propagierten in Armee und Presse die *«Vorteile des 35-Millimeter-Panzers gegenüber der Lenkwaffe»*, die Beratungen in der Militärkommission konnten verschleppt werden. Es sollte nichts helfen; der Oerlikoner Flabpanzer schied aus. Jetzt suchte man auch noch die Hintertüre; als die Beschaffung des Rapiers im Parlament zur Diskussion stand, spielte der Oerlikoner Ingenieur *Fridolin Vögeli* über seinen ehemaligen Schulkollegen *Kurt Schüle* (FDP, Georg Fischer) den Parlamentariern eine dicke Agitationsschrift gegen das Rapier-System zu. Ob der allgemeinen Empörung distanzierte sich die Contraves-Leitung umgehend. Vögeli hatte die komplizierten

Computerrechnungen wohl zuhause im Keller erstellt, die geheimen *Daten mechanisierter Verschiebungen* als Kommandant einer Infanterieeinheit aus den eigenen Fingern gesogen. Einen Augenblick lang kochte die Schweizer Generalität, das war denn doch zuviel der *Intimitäten.*

Ende der siebziger Jahre einigten sich Oerlikon und Bern auf einen Eheberater: *Professor Edwin Rühli*, Ende der sechziger Jahre vom Oerlikoner Konzern geholt, zuvor im EMD-Planungsstab, wurde 1979 vom EMD beauftragt, ein Gutachten zur Organisation der Kriegsmaterialbeschaffung zu erstellen. Rühli hatte in einer ersten Analyse nach dem Prozesstrauma die Führung und Organisation des Konzerns schon 1972 *wissenschaftlich* den neuen Gegebenheiten angepasst, nun zog er 1980 auch Schlussfolgerungen in der Analyse des Rüstungsbeschaffungstraumas des Bundes: *«Die heutige Organisation der Kriegsmaterialbeschaffung im EMD weist verschiedene Unzulänglichkeiten auf.»* Seine Forderungen nach *«Steigerung der Effizienz», «Straffung der Zuständigkeiten» und «klarer Zuordnung der Verantwortlichkeiten»* lesen sich wie aus einem Unternehmungshandbuch. Noch hat das EMD nicht Oerlikoner Niveau erreicht: *«Die organisatorisch konsequenten Lösungen einer zivilen oder militärischen Einmannspitze erscheinen uns im Moment noch nicht als reif.»* Sein wenig überraschender Therapieplan: *«Die Beziehungen zwischen der Gruppe für Rüstungsdienste und der Industrie sind institutionell besser zu verankern. ... Es ist vermehrt von der Möglichkeit Gebrauch zu machen, ausserhalb des EMD stehende Institutionen mit der Projektleitung zu beauftragen.»* Da denkt der erfahrene Eheberater an die zahlreichen kleinen Ingenieurbüros.

Rühli wird in wissenschaftlichen Gremien, Regierungs-, Industrie- und Militärkreisen gleichermassen *«ernstgenommen»* (Selbsteinschätzung 1984). Seine 1980 eingereichte Expertise hat die Blechmusik des militärisch-industriellen Komplexes zwar von Misstönen befreit, Rühlis

Verhältnis zum Staat aber nicht gänzlich klären können: Mehr *und* weniger Staat, je nachdem. *Mehr* Staat, wenn es darum geht, die Rolle des Generalstabschefs der Armee in der Rüstungsbeschaffung zu stärken und das Zusammenspiel zwischen Bund und Rüstungsindustrie harmonischer zu gestalten. *Weniger* Staat, wenn es gilt, die staatlichen Rüstungsbetriebe auf unrentable und wenig innovative Aufgaben (Munitions- und Pulverherstellung, Endabnahme u. a.) zurückzubinden. Um den Draht zur Basis nicht zu verlieren, korrespondiert Rühli auf offiziellem Briefkopf hin und wieder mit ganz gewöhnlichen Hausfrauen, sei es, um seinem Sohn in einer Klassenauseinandersetzung den Rücken zu stärken, oder aber, um seiner Sekretärin im Sinne eines modernen *Job Enrichments* Abwechslung zu den knochentrockenen Schreibarbeiten zu schaffen. *(«Meine Sekretärin fand es sogar amüsant, zur Abwechslung einmal nicht wissenschaftliche oder militärische Arbeiten tippen zu müssen, sondern Korrespondenzen mit einer so lächerlichen Figur wie Ihnen führen zu können ...»)*

Sollte Rühli durch seine privatwirtschaftlichen Mandate (Oerlikon Bührle, Häusermann & Co.), seine Kommissionssitze, Vorlesungen, Seminarien und Rektoratsaufgaben an der Zürcher Uni und die Korrespondenzen mit Eltern von Klassenkameraden seines Sohnes nicht gänzlich ausgelastet sein, er müsste an der staatswissenschaftlichen Fakultät in Alkohol eingelegt werden: Rühli ist das Fleisch am Gerippe des militärisch-industriellen Komplexes, seine Reorganisation hat geradewegs in das «Leopard 2»-Gauklerstück geführt. Sein Modell weist den Weg der professionellen Vernetzung von Staats- und Privatwirtschaftsinteressen im Rüstungsbereich mit einer starken Position des Generalstabschefs und einem privatwirtschaftlich schlagseitigen Rüstungschef (wie er in der Person des ehemaligen BBC-Direktors *Felix M. Wittlin* nicht atypisch verkörpert wird), Federführung durch die kartellmässig organisierte Privatwirtschaft, Doppel- und Tripelrollen aller wichtigen Beteiligten als Armee-, Bundes- und Privatwirtschaftsvertreter sowie Steigerung des Unterhaltungswertes von parlamentarischen Debatten für Schulklassen und Touristen.

Der Parlamentarismus hat eine folkloristische, der Lobbyismus eine saubere, wissenschaftliche Form angenommen.

DER PROZESS

Den ganzen Nachmittag hatten sie ihm Fragen gestellt, der Untersuchungsrichter und ein weiterer Beamter, oft die gleiche Frage mehrfach wiederholt, seine Antworten schienen nicht zu befriedigen, bis er dann plötzlich – es war früh dunkel geworden an diesem Mittwoch, immerhin schon der 20. November des Jahres 1968 – den einen Beamten sagen hörte: *«Herr M., dann müssen wir Sie halt bitten, hier zu bleiben.»* Er hatte anschliessend seine Frau benachrichtigt, ein kurzes Telefongespräch im Beisein der Beamten, sicherlich hatte sie ihn schon zum Abendbrot erwartet gegen sieben Uhr, in der biederen Mietwohnung an der Flühgasse, am Zürcher Stadtrand gegen Zollikon, keine dreihundert Meter entfernt von den drei Villen des Firmeninhabers.

Es folgten elende Tage in Untersuchungshaft, immer neue Befragungen, daneben Gefängniskost und ein paar abgegriffene Zeitungen mit gelösten Kreuzworträtseln; er dachte oft an die draussen, dass gerade *er* diese Sache jetzt auszufressen hatte, immerhin, zu Beginn der folgenden Woche wurde dann wenigstens auch sein Vorgesetzter, der Direktor der Waffenverkaufsabteilung, vorgeladen und ebenfalls behalten. Am Samstagabend der folgenden Woche erst wurde M. entlassen nach neun Hafttagen, um 20 Uhr zehn gemäss Haftprotokoll, hundemüde, die Hafttage waren nicht spurlos an ihm vorübergegangen, an dem 67 jährigen, der zuvor noch nie ernstlich mit dem Gesetz in Konflikt geraten war – und sich auch in diesem Fall keineswegs schuldig fühlte. Er hörte dann, dass in der Woche seiner Abwesenheit der Bundesanwalt persönlich per Hubschrauber von Bern nach Oerlikon geflogen war, um Unterlagen sicherzustellen, aber diese Nachricht beunruhigte ihn nicht zusätzlich. Er hatte schon nach Bekanntgabe der Eröffnung eines polizeilichen Ermittlungsverfahrens anfang November Order erhalten, die Firma belastende Dokumente zu vernichten, was weisungsgemäss geschehen war. Einen Vertrag mit Nigeria hatte er sogar im Ordner belassen können, nach Austausch zweier Vertragsseiten, wodurch der Vertrag über die Lieferung von 48 Kanonen des Kalibers zwanzig Millimeter über Nacht zum unverdächtigen Liefervertrag von Werkzeugmaschinen wurde und ohne weiteres in die zivilen Ordner eingereiht werden durfte. Was ihn trotzdem beunruhigte, war die Tragweite, die die Bundesanwaltschaft mit diesen Ereignissen gegen Ende des Jahres 1968 dem Fall offenbar zu geben gewillt war, nachdem das Verfahren ursprünglich als leidige Routineermittlung begonnen hatte, an deren Weiterführung zunächst niemand interessiert schien.

Im Laufe des Jahres 1967 war ruchbar geworden, dass Nigeria im Biafra-Krieg mit fabrikneuen Oerlikon-Kanonen ausgerüstet war, die leichten Zwanzig-Millimeter-Kaliber nur, aber immerhin, es war ausgerechnet jene Zeit, in der die schweizerische Bevölkerung in grösserem Umfang Geld für das eingeschlossene biafranische Volk sammelte, das schien den Schweizer Rotkreuzhelfern dort unten denn doch zuviel der Doppelmoral und sie meldeten diesen Umstand nach Bern. Dort beruhigte man vorerst, wollte *genauere Abklärungen* abwarten, es hätte ja sein können, dass die Oerlikon-Kanonen von Italien aus geliefert worden wären, was wiederum die schweizerischen Waffenausfuhrbestimmungen durchaus nicht verletzt hätte. Von zuständiger Seite hätte zwar vermutet werden können, dass die Kanonen nicht aus Italien, sondern aus den alten Oerlikoner

Beständen stammten. Es waren ja noch rund zweihundert Kanonen dieses Kalibers unverkauft, die von der deutschen Wehrmacht gegen Kriegsende wohl bezahlt, aber nicht mehr abgeholt worden waren. Oerlikon durfte sie nun mit Zustimmung des Bundes ein zweites Mal verkaufen, musste aber den Bund an den zwölf Millionen Franken Erlös hälftig beteiligen. So richtig interessiert an diesen Ladenhütern war aber zu jener Zeit kaum mehr jemand, mit Ausnahme vielleicht von einzelnen Drittweltarmeen, die in aufreibenden Konflikten für eiligen Materialnachschub besorgt sein mussten – wie etwa Nigeria. Gerade solchen Staaten mit *«gefährlichen Spannungen»* durfte seit dem Bundesratsbeschluss über das Kriegsmaterial aus dem Jahre 1949 nicht mehr frank und frei geliefert werden.

Immerhin ersuchte das Politische Departement die Direktion der Militärverwaltung im Januar 1968, in Oerlikon Auskunft zu verlangen über die Herkunft der unliebsamen Kanonen. Dort gab man sich blauäugig, wusste einzig von einer Lieferung nach Aethiopien, die ordnungsgemäss bewilligt und abgerechnet worden war. Der Bund war an dieser Lieferung einnahmenmässig beteiligt worden, so genau hatten die Bundesbeamten die Dokumente deshalb nicht geprüft. Die Unterschrift eines Offiziers der kaiserlichen äthiopischen Luftwaffe hatte genügt; Zuständigkeiten interessierten nur im Inland.

In Oerlikon hatte die Anfrage jedenfalls nicht sehr beunruhigt, schon im Februar desselben Jahres schloss man einen neuen Waffenlieferungsvertrag mit dem ohnehin zwielichtigen ägyptischen Waffenhändler *Hassan Kamil* ab; M. wurde dann verschiedentlich beauftragt, mit Koffern Geld in der ägyptischen Botschaft in Bern abzuholen. 975 Tausender blätterte man davon gleich dem Vermittler Kamil hin. Provisionen dieser Höhe sind branchenüblich, mit einigen zusätzlichen Tausendern wurden wiederum in Addis-Abeba amtliche Endverbraucher-Erklärungen eingeholt.

M. mochte sich angesichts solcher Transaktionen zwischendurch übergangen gefühlt haben; er war schliesslich anfangs 1937 als gut Dreissigjähriger noch vom alten Firmeninhaber in der kleinen Werkzeugmaschinenfabrik eingestellt worden, diente nunmehr dreissig Jahre dieser Firma und war aufgrund seines Maturaabschlusses inzwischen zum Leiter der Korrespondenz in der Waffenverkaufsabteilung avanciert. Er war ein Angestellter mit der Zuverlässigkeit der alten Schule, sein Jahreseinkommen war stetig leicht angestiegen, erreichte bei der Pensionierung 64000 Franken – ein solider Verdienst, mehr nicht. Sein Vorgesetzter, der wendige Direktor L. hatte demgegenüber im vergangenen Jahr allein an Provisionen mehr eingesteckt, dazu ein dreifaches Grundeinkommen, aber eigentlich durfte M. nicht klagen, er hatte es immer recht gehabt in dieser Firma. Manchmal liess sich ein Besuch in der ägyptischen Botschaft mit einer Besichtigung des Bärengrabens verbinden. M. wurde später im Prozess von der Personalabteilung der Werkzeugmaschinenfabrik als *«harmloser und serviler»* Mensch bezeichnet, da mochte Taktik dahinterstecken, wollte man ihn so womöglich von schuldhaftem Verhalten freisprechen. Er selbst hatte jedoch mehrfach betont, dass er seinen Vorgesetzten *«niemals in den Rücken geschossen hätte»*.

Gegen Ende Juli des Jahres 1968 waren dann auf eine Meldung der Schweizer Botschaft in Aethiopien hin auch für die Bundesbehörden alle Zweifel an der Echtheit der äthiopischen Endverbraucher-Erklärungen bestätigt, diese Dokumente waren offensichtlich gefälscht. Wiederum erbat die Militärdirektion von Oerlikon Auskunft, erneut zeigte man sich dort überrascht. Daraufhin passierte nichts mehr, so dass sich M. mit Fug und Recht in Sicherheit glauben durfte, natürlich hatte er hin und wieder selbst einige Formalitäten zurechtgerückt, aber das war die Praxis dieser Branche. Was hätte ausgerechnet er, der Korrespondenzchef kurz vor der Pensionierung, daran ändern sollen?

Unerwartet zeitigte der Fall dann aber gegen Ende des Jahres die erwähnten *Weiterungen*, im Oktober beauftragte der Bundesrat die Bundesanwaltschaft mit der Durchführung eines Ermittlungsverfahrens, das dann im November eröffnet wurde und M.'s Lage nun ausgesprochen unangenehm machen sollte. M. wurde nach der Entlassung aus der Untersuchungshaft auf das Jahresende hin eilends pensioniert, sein Vorgesetzter entlassen. Zunächst schien es, als ob sie die beiden einzigen Verantwortlichen für die ungereimten Geschäfte blieben.

Im Januar des folgenden Jahres ergaben sich dann aber offenbar neue Weiterungen, auch der *Firmeninhaber* wurde in die Ermittlungen miteinbezogen. So ganz unbekannt konnte ihm die Verkaufspraxis in der Waffenabteilung auch nicht sein. Es ging in diesen Ermittlungen insbesondere um ein Verkaufsgeschäft von Flabgeschützen mittleren Kalibers aus dem Jahre 1963, als diese Kanone in Oerlikon eben neu entwickelt war, nicht billig gewiss, aber robust und treffsicher. Südafrika hatte insgesamt 36 Kanonen bestellt. Am St. Nikolaustag des Jahres 1963, als der Bundesrat nach den UNO-Sanktionen gegen Südafrika unter öffentlichem Druck die Schweiz unvermittelt dem Embargo anschloss, waren ganze acht Kanonen geliefert. 28 Kanonen im Verkaufswert von rund 42 Millionen Franken hätten trotz ausgesprochener Fabrikationsbewilligung plötzlich nicht mehr geliefert werden dürfen? So kategorisch war man auf Bundesseite nicht, verweigerte nur *vorderhand* die Exportbewilligung und sicherte gleichzeitig zu, bei besserer Stimmung in der Bevölkerung gegenüber Südafrika wieder auf diesen Beschluss zurückzukommen. Diese Ungewissheit war man in Oerlikon nicht bereit in Kauf zu nehmen. Mit Südafrika drohte ein guter Kunde verloren zu gehen, der dem Firmeninhaber nach eigenen Worten

Lausanne, Bundesgericht, 1970, der Angeklagte Nr. 4 mit Anwälten vor dem Prozess

Lausanne, Bundesgericht, 1970, der Angeklagte Nr. 4 nach dem Prozess («Man kann auch lachend jemandem die Zähne zeigen.» Firmenzeitung WO, 4/76.)

immer *besonders nahe stand.* Vorerst wurde der Direktor der Waffenverkaufsabteilung zu einer Unterredung mit Beamten des politischen Departements nach Bern geschickt. Als sich die Beamten unnachgiebig zeigten, sprach der Firmeninhaber selber beim Direktor der Militärverwaltung und bei Bundesrat *Wahlen* vor. Als auch diese Gespräche ergebnislos verliefen, machte sich eine Delegation des Verbandes Schweizerischer Maschinenindustrieller, in dessen Vorstand der Firmeninhaber sass, auf ins Politische Departement, um auf die Gefährdung der Arbeitsplätze durch bundesrätliche Sturheit hinzuweisen. *«Man durfte nichts unversucht lassen»*, sagte der Firmeninhaber später im Prozess. Als sich aber bis im Herbst 1964 alle Versuche als erfolglos erwiesen, musste dem Firmeninhaber dieses Südafrika-Geschäft so verhext erscheinen, dass er fortan an Werktagen nichts mehr damit zu tun haben wollte. Er besprach sich darüber nur noch einige Male sonntags mit dem Waffenverkaufsdirektor, liess im übrigen die Untergebenen diese wichtige Sache selber an die Hand nehmen.

Die Getreuen besorgten falsche Endverbraucher-Erklärungen in Frankreich und leiteten die restlichen 28 Kanonen über Marseille gegen Süden weiter. Der Direktor wollte sich später vorerst auch noch gegenüber den Ermittlungsbehörden daran erinnern, den Firmeninhaber noch im Herbst des Jahres 1964 über diese Transaktion informiert zu haben. Als ihm jedoch nach der Entlassung eine Anzahlung an das Jahresgehalt von 1969 in der Höhe von 72000 Franken ausbezahlt wurde, war sein Erinnerungsvermögen während des Prozesses korrigiert und er bekannte, zwei Daten verwechselt zu haben. So war der Firmeninhaber aktenkundig erst im Juni des Jahres 1965 über das unlautere Südafrika-Geschäft orientiert worden, hatte daraufhin seine Untergebenen nicht gemassregelt, weil ihm Südafrika zu sehr am Herzen lag. Er hatte einzig bescheiden hingewiesen, dass man das Waffenausfuhrverbot inskünftig *legal* durch Lieferungen aus Italien umgehen solle – ein Hinweis, den der nachmalige Botschafter *Probst*, einer der besten Kenner in der obersten Spitze der Verwaltung, seitens des politischen Departementes den Vertretern des Maschinenindustriellen-Verbandes protokollarisch bestätigt schon in der Unterredung vom Herbst 1964 gegeben hatte. So einfach war das damals indessen nicht, die Kapazität von Oerlikon-Italiana war noch bescheiden und so mussten weitere gezinkte Endverbraucher-Erklärungen eingeholt werden – bis zum unrühmlichen Ende 1970 vor dem Bundesstrafgericht in Lausanne.

Während des Prozessverlaufes in Lausanne zeigte sich rasch, dass die illegalen Waffenschiebereien von Oerlikon aus, die in den Jahren 1963–68 insgesamt eine Höhe von gegen 100 Millionen Franken erreichten, im wesentlichen Einzelaktionen des Verkaufsdirektors der Waffenabteilung waren. Der Firmeninhaber selber war zu jener Zeit stark von übergeordneten Leitungsaufgaben in Anspruch genommen. Die Strafe des Verkaufsdirektors wurde dementsprechend vom Gericht über den Antrag des Bundesanwaltes hinaus auf achtzehn Monate erhöht, ein Reisender in Sachen Endverbraucher-Erklärungen zu sechzehn Monaten verurteilt und M. – gemäss Bundesgerichtsurteil der *»willige Mittäter»* – zu fünfzehn Monaten. Den drei Haupttätern wurde – obwohl möglich – der bedingte Strafvollzug verweigert. Umso mehr erstaunt es, dass er dafür dem mitbeteiligten Firmeninhaber gewährt wurde, der zu acht Monaten bedingt erlassen auf drei Jahre verurteilt wurde, weil das Gericht bei ihm die erzieherische Wirkung einer Warnstrafe für ausreichend hielt. Dazu kam eine Geldbusse von 20000 Franken, die den Firmeninhaber angesichts seines damaligen geschätzten Vermögens von einer halben Milliarde Franken etwa so empfindlich traf wie Parkbussen einen Millionär. Er zeigte sich denn nach überstandenem Prozess durchaus *guter Dinge*, hatte auch die Grundbewilligung zur Waffenproduktion, die ihm persönlich während kurzer Zeit abgesprochen war, wieder erhalten – diesmal zugunsten der Firma.

Nachdem auf oberster Ebene solcherart Gerechtigkeit gesprochen worden war, ging die Waffenausfuhr aus Oerlikon inskünftig ihren *geregelten* Gang. Der Firmeninhaber berief einen Rüstungsausschuss ins Leben, ein Kontrollorgan mit so bekannt kritischen Politikern wie etwa dem Nidwaldner Nationalrat *August Albrecht* oder dem nachmaligen Zürcher Bundesrat *Fritz Honegger*. Nach dem Erwerb der *Hispano-Suiza* wurde begonnen, die Kapazitäten der Zweigwerke in Italien und England auszubauen, um fortan vermehrt aus diesen Ländern – unabhängig von der kleinlichen schweizerischen Waffenausfuhrgesetzgebung – exportieren zu können. Der verurteilte Verkaufsdirektor erhob Kassationsbeschwerde, die jedoch abgewiesen wurde, wodurch ihn der Strafvollzug ereilte. M., bei Urteilsverkündung immerhin schon bald siebzigjährig, brachte ein ärztliches Zeugnis bei, wonach er ernstlich krank und damit nicht hafterstehungsfähig war, was vom zuständigen Amtsarzt überprüft und bestätigt wurde.

Die endgültige Klärung der Schuldverhältnisse brachte allen Skeptikern schliesslich das Jahr 1974: Der Verkaufsdirektor war nach guter Führung nach Verbüssung von zwei Dritteln seiner Haftstrafe aus Saxerriet entlassen worden. Dem Firmeninhaber wurde in der Gemeindeversammlung vom 19. April das *Ehrenbürgerrecht* der Gemeinde Unteriberg für besondere Verdienste in dieser Region verliehen, eine Ehrung, die alle Zweifel an der moralischen Integrität dieses Mannes beseitigen musste. Auf dem Ochsenboden, von Studen aus über eine militärisch ausgeleierte Strasse zu erreichen, war vor über zwanzig Jahren der werkeigene Schiessplatz eingerichtet worden, nachdem der Schiesskanal in Oerlikon schon 1953 vom Fortschritt der Militärtechnologie überrundet wurde. Der Ochsenboden wird von den Einheimischen deshalb so sehr geschätzt, weil er in dieser Randregion gegen hundert Arbeitsplätze bietet und nur Dienstag bis Freitag zwischen acht und siebzehn Uhr, ausnahmsweise bis 22 Uhr, geschossen wird. Hin und wieder kommen auch Staatsoberhäupter von St. Moritz oder Gstaad her, etwa weiland der Schah, der sich noch zu Lebzeiten eigenhändig von der Qualität der 35mm-Flab-Kanone 63 überzeugte. Neben den Sportlern bringen diese Besucher auch gerne Geld in die Region, *«Pulver»*, wie die Einheimischen so lautmalerisch sagen, dass es zur Verdeutlichung keiner Fingerbewegung mehr bedarf. Der Firmeninhaber hat in dieser Region inzwischen schon über hundert Millionen Franken investiert, darin inbegriffen die Renovation der *St. Magdalena-Kapelle*, die an den früheren Eigentümer, das Kloster Einsiedeln erinnert. Er ermöglichte dieser Region auch ein lang erhofftes Hallenbad, den Schwestern im Altersheim ein Auto, berücksichtigt im Turnus die Wirtschaften in Unteriberg zu gleichen Teilen und zeigte sich auch an einer kleinen Beteiligung am neu erschlossenen Skigebiet auf dem Hoch-Ybrig nicht abgeneigt.

M. konnte sich an alledem nicht mehr freuen: Er starb *«nach geduldig ertragener Krankheit im Alter von 73 Jahren»* kurz vor Weihnachten desselben Jahres im Krankenhaus Bethanien am Zürichberg – ein Steinwurf entfernt von der hundebewachten Residenz des ägyptischen Waffenhändlers Kamil, mit dem er noch sechs Jahre zuvor auf obrigkeitliches Geheiss einen Kaufvertrag über 228 Geschütze 20 mm und 77 250 Schuss abgeschlossen hatte.

Aus demselben Jahre stammt ein literarischer Eintrag im Bergbuch auf dem Diethelm oberhalb des Ochsenbodens: *«Hoch über dem Bührle-Seich / Wünsch'ich ihm den Todesstreich / Und werd' vor Zorn noch bleich / Denk ich an diesen Waffenscheich (21. 4. 74).»*

BLÜTEZEIT

Was einen nicht unterkriegt, stärkt: Aus dem Lausanner Prozessurteil durfte sich der Firmenleiter grünes Licht für die Zukunft ableiten. Die Kritik an ihm war öffentlich zum Verstummen gebracht. Es war nun ein leichtes, gegen Kaderangehörige, die zur Wahrung des Firmenrufs ultimativ seinen Rücktritt forderten, den Spiess umzudrehen und die Kritiker vor die Türe zu setzen. Fortan konnte der Firmenleiter auf ein hundertprozentig linientreues Kader vertrauen. Die interne Kontrolle wurde weiter verschärft. Der drohenden staatlichen Kontrolle begegnete die Holding mit einer verstärkten Beteiligung des «Publikums» und dem Beizug aussenstehender Personen in den Verwaltungsrat. Ein zweites Mal wurde reorganisiert. Die alte Familienfirma wurde in *«OB-Privatholding»* umbenannt und verwaltete inskünftig nicht rentierende oder sonstwie artfremde Beteiligungen wie den Artemis-Verlag, die Buchhandlung zum Elsässer, die Landwirtschaftsbetriebe, das Hotel Sonnenhof in Ascona, die Alpina-Reederei und die Industrie- und Handelsbank, die – vom Firmengründer noch zur Finanzierung der Konzerntätigkeiten ins Leben gerufen – eine Nummer zu klein geworden war und einzig noch als Herausgeberin der Mitarbeiteraktien in Erscheinung tritt.

Am eigentlichen Geschäftsgang des Oerlikoner Konzerns darf das finanzkräftige Publikum heute teil haben; die Beteiligung der Erben sank nach und nach knapp unter fünfzig Prozent. Wenngleich der verurteilte Firmenleiter in grossbürgerlichen Kreisen eine Zeit lang geschnitten wurde, aus dem Verwaltungsrat der Bankgesellschaft zurücktreten musste, als Oberst im Generalstab und passionierter Jäger im Kanton Thurgau *dispensiert* wurde: Als 1973 die ersten Oerlikoner Aktien ans Publikum abgegeben wurden, stritten sich die dividendenhungrigen Bürger um die Titel. Eine zehnfache Aktienmenge hätte verkauft werden können. Das Vertrauen in die Firma war ungebrochen.

Es wurde zunächst belohnt. Der Umsatz des Konzerns sollte bis ins Jahr 1980 auf über vier Milliarden Franken ansteigen; Reingewinn- und Dividendenentwicklung standen in nichts nach. Die Kapitalgeber übersahen nachsichtig, dass ihre zusätzlichen Millionen nicht, wie versprochen, *«zur Stärkung des zivilen Sektors»* investiert wurden, sondern dem Konzern vorerst zu einem weiteren Ansteigen des Militäranteils am Umsatz auf gut sechzig Prozent verhalfen – noch in den sechziger Jahren hatte dieser Anteil zeitweise nur rund ein Drittel ausgemacht. Die Dividenden flossen, selbst in Krisenzeiten liessen sich die Gewinne steigern; vor diesem Hintergrund fühlten sich die Kapitalgeber mit dem Firmenleiter verbunden, ökonomisch und ideologisch.

Dabei war der Firmenleiter in der Zwischenzeit heimlich zum *Systemveränderer* geworden, hatte wahrgemacht, was er im Wirbel um den Waffenausfuhrskandal angekündigt hatte: *«Als Unternehmer müssen wir verdienen, um unternehmerisch tätig sein zu können. ... Unter dem Druck der Verhältnisse ergeben sich jedoch dabei mehr und mehr Konsequenzen, die ich wohl akzeptieren muss, aber im Grunde bedaure. Besonders denke ich hier an die erschwerte Lage der kleineren und mittleren Betriebe. Der Not gehorchend greift man zum Mittel der Konzentration der Kräfte, zum Zusammenschluss und zur Beschränkung in der Übernahme von Forschungsrisiken. Liegt in dieser Entwicklung ein wirklicher Fortschritt, oder treiben wir nicht, ohne es zu wollen, einer Wirtschafts-*

und Gesellschaftsform entgegen, die der sogenannte freie Westen heute bekämpft?» (Finanz und Wirtschaft, 26. 10. 68.)

Er begann danach aufzukaufen, der Not gehorchend, erwarb 1970 aus der «Hispano Suiza»-Gruppe eine Waffen- und Werkzeugmaschinenfabrik sowie eine Munitionsfabrik in Genf und einen Rüstungsbetrieb im englischen Grantham. Damit war der einzige Schweizer Konkurrent im Bereich der Fliegerabwehrkanonen einverleibt und gleichzeitig neben der «Oerlikon Italiana», die Ende der sechziger Jahre die Waffenproduktion ausweitete, ein zusätzlicher Stützpunkt im Ausland errichtet. Einzig der Aufbau einer Waffenproduktionslinie in Frankreich scheiterte am mangelnden Interesse der Franzosen an der 35-Millimeter-Kanone.

Auch der Werkzeugmaschinensektor wurde verstärkt. 1974 erfolgte die Übernahme der Aktienmehrheit der deutschen «Gebr. Boehringer GmbH», die mit ihren 2200 Beschäftigten eine *«Spitzenstellung unter den deutschen Drehmaschinenherstellern»* einnimmt. In Lothringen wurde ein Presswerk eröffnet und in Paris eine Verkaufsgesellschaft erworben. 1979 folgte schliesslich für 55 Millionen Dollar der Erwerb der amerikanischen «Motch & Merryweather Machines Co.». *«Mit einem Spartenumsatz, der 1980 in die Nähe von sechshundert Millionen Franken vorgerückt sein dürfte, ist man heute unter den europäischen Herstellern wohl der bedeutendste, gehört damit zusammen mit den amerikanischen und japanischen Konkurrenten eindeutig zur Weltspitze»*, schreibt die «NZZ» am 17. Februar 1981.

Nicht minder spektakulär wurde die Seebacher «Contraves» durch den Zukauf zahlreicher mittlerer und grosser Firmen vergrössert. 1936 zusammen mit anderen Unternehmern gegründet, 1946 mit den Kriegserträgen vom Oerlikoner Firmenvater allein übernommen, seither grosszügig finanziert, beschäftigt sich die Tochter zusammen mit der Werkzeugmaschinenfabrik intensiv mit der Entwicklung von Feuerleitanlagen; Signale, die im Radar von den angreifenden Objekten zu Land und Luft hereinkommen, werden in einem Rechner verarbeitet, wodurch die Geschütze auf die richtige Position eingerichtet werden können. Fledermaus, Flabpanzer Gepard, Skyguard, Seaguard und Fieldguard heisst die Contraves-Artenreihe der jüngsten Jahre. Sie verhalf der Seebacher Tochter zu einer weltweit führenden Position auf dem Gebiet der Feuerleitsysteme.

Diese Position gilt es zu halten; anfangs der siebziger Jahre erfolgte die Gründung mehrerer Gesellschaften in Deutschland. 1974 folgte dann der Sprung in die USA durch die Uebernahme der «Goerz Division» von Kollmorgen, gefolgt von weiteren Vereinnahmungen in den USA. Beinahe achtzig Prozent des Umsatzes wurde 1979 mit militärischen Produkten gemacht. Der Sprung in die Zivilproduktion scheint risikoreicher und weniger rentabel; im Zweigwerk bei Rom etwa blieb ein Sonnenkollektor als Prototyp auf der Strecke.

Mit ihren umfassenden elektronischen Abwehrsystemen ist die Contraves in der Militärtechnologie, was führende Konzerne im Bereich der Nukleartechnologie: Komplex, marktbeherrschend und teuer. Leisten können sich diese Produkte einzig noch NATO-Länder mit hohem Rüstungsetat für hierarchisch strukturierte Armeen mit technokratischer Spitze. Zur Zeit sind kleinere, günstigere Geräte auf der Infrarot-Basis in Entwicklung, die den Markt in den Drittwelt-Staaten erschliessen sollen. In Malaysia übernahm die Contraves im vergangenen Jahr eine Firma zur Billigproduktion biomedizinischer Geräte. In dieser Region muss die elektronische Produktion einfach vertreten sein, man beabsichtigt militärische Produktionslinien nach Malaysia zu verlagern.

So ging die Konzernentwicklung ihren unaufhaltsamen Gang – seit dem Jahre 1978 neuerdings auf eleganten

Wir haben viel zu zeigen Oerlikon-Bührle

35-Millimeter-Zwillings-Flabgeschütz

Feuerleitgerät «Fledermaus»

35-Millimeter-Fliegerabwehrpanzer

20-Millimeter-Flabgeschütz

Panzerabwehr-Rakete «Cobra»

Schweizer Sohlen. Die traditionsreiche Bally war eher zufällig in Oerlikoner Besitz übergegangen, sie war dem Firmenleiter in einer Zeit mit hoher Liquidität von dritter Seite angetragen worden. So ungelegen konnte dieser Antrag natürlich nicht kommen, schlagartig erhöhte sich der Anteil des zivilen Bereichs im Konzern nach der Übernahme kosmetisch auf über fünfzig Prozent. Es galt danach einzig noch das ermüdete Bally-Kader auf strammen Kurs zu bringen, wozu sich die Handballerfahrung aus den fünfziger Jahren geradezu aufdrängte. Wo immer der greise Handballcoach Karl Schmid, inzwischen um die achtzig und noch Präsident der Handballsektion, früher im Konzern auftauchte, verbreitete er Nervosität. Während er im offiziellen Konzerndiagramm nicht aufgeführt war, hatte er als persönlicher Berater des Firmenleiters eine Sekundärorganisation aufgebaut, die hinter den Kulissen Macht ausübte. In Schönenwerd war der Auftrag klar; es galt für den Coach *«auszuforsten»*, um *«eine zähe Masse»* in Bewegung zu bringen. Bally besass eine fünfköpfige Konzernleitung, im Oerlikoner Führungskonzept gibt es lediglich *einen* Gruppenverantwortlichen. Vier Monate lang plauderte der Coach mit den Kaderangehörigen, über Sport und anderes mehr, wenig vom Geschäft. Nach diesen Gesprächen wurde die Hälfte des oberen Kaders entlassen; vereinzelt waren die Pulte innert zwei Tagen zu räumen.

Im Schweizerischen Handelsamtsblatt vom 27. Juni 1978 hiess es dann: *«Bally-Arola Schuh A. G. in Schönenwerd. Dr. H. R. B., Vizepräsident, K. S., deren Unterschriften erloschen sind, und Dr. E. T., der die Unterschrift nicht führte, sind aus dem Verwaltungsrat ausgeschieden. Die Unterschriften der Direktoren H. G., Dr. P. H., Dr. G. U. D. und Dr. H. U. S., des Vizedirektors Dr. G. Z., sowie der Prokuren von M. D., A. H. und A. W. sind erloschen.»*

Geblieben ist die alte Garde, *«die durch dick und dünn zusammenhielt»*, auf die Strasse gestellt wurden die jungen

Technokraten, die sich mit dem Coach aus der alten Schule weniger gut verstanden, vereinzelt mussten sie dann als freie Berater wieder zurückgeholt werden. *«Die OBH trug ihre Durchsetzungskraft mit grosser Vernunft und Vertrauen in die Bally»*, meinte Karl Schmid später – in Anspielung auf die nur Waffenhändlern und Handballern eigene harte Form der Vernunft. Den meisten solcherart Entlassenen sitzt die Angst noch in den Gliedern; schon auf neuem Posten will sich ein Entlassener *«mit Rücksicht auf Familie und Kinder»* nicht zu den Vorgängen äussern, weil die Macht des Oerlikoner Konzerns zu weit reiche. Um so offener äussert sich der Firmenleiter selber: *«Die im Personellen liegenden Probleme bei Bally konnten bereinigt werden. Die neue Führungs- und Organisationsstruktur ist funktionsfähig, sicher besser als die vorherige mit zum Teil unklaren und hinderlichen Kompetenzabgrenzungen.»* Das nennt sich in der offiziellen Leseart *«kooperativer Führungsstil»* nach Zürcher Art, entwickelt von Professor Rühli und seinen Assistenten.

Der Beifall von Presse und Publikum war der Konzernleitung an der jährlichen Generalversammlung gewiss. Die Aktionäre durften sich freuen am kalten Buffet. An die Front musste der Firmenleiter nicht. Spielten einzelne Firmen Verluste ein, so werden sie kurzerhand der Stabsstelle *«Sonderaufgaben»* zugeteilt. Die mistet aus. So verblieben etwa in der Konzerngruppe *«Textil»* von den fünfzehn Betrieben nach Schliessungen, Zusammenlegungen mit Abbau der Belegschaft noch ganze vier; selbst die südafrikanische *«Wellington Industries»*, nach Worten des Konzernleiters *«ein gutes Beispiel praktischer Entwicklungshilfe»*, wurde 1978 abgestossen. Nach der Säuberung finden die firmeneigenen PR-Strategen für die trrxtilgruppe noch immer Superlative: *«Sie ist die grösste baumwollverarbeitende Gruppe in der Schweiz.»*

Ende der siebziger Jahre stand der Sohn als erfolgreicher Reorganisator da. Er hatte nach dem Prozess System in die Unternehmung gebracht; denkbar bereits, dass sie auch ohne ihn funktionieren würde. Die Konzernleitung plant die Budgetzahlen, kontrolliert den Geschäftsgang der Gesellschaften, sondert die schwarzen Schafe heraus, analysiert, eliminiert notfalls und gibt zu allfälligen Neuaquisitionen unter dem Gesichtspunkt des *«return on investment»* nach objektiven Kriterien ihr Jawort. Die einzelnen Bereiche werden von Verantwortlichen geführt, ihre Kompetenz- und Aufgabenbereiche sind bis ins Detail in Büchern festgehalten. Wer sich nicht fügt oder nicht einverstanden ist, muss gehen: *Dr. H. Niggli*, zurückgetreten anfangs der siebziger Jahre als Holdingdirektor und Verwaltungsrat wegen Managementdifferenzen, *Max Auwärter*, Gründer der Balzers AG, Rückzug 1976 nach persönlichen Differenzen, *Hans Bienz*, langjähriger Direktor der FBW, verabschiedet nach der Übernahme.

Es ging aufwärts in Oerlikon, scheinbar endlos. Neben den Oerlikoner Kanonen wuchsen Hochbauten in den Himmel der modernisierten Zürcher Peripherie. Doch die moderne Silhouette täuschte. Die alttestamentlichen Gesetze hatten auch im modernen Oerlikon ihre Gültigkeit: Nach sieben fetten Jahren folgten ebensoviele magere.

DIETERCHENS MONDFAHRT

Ab 1980 begann der erfolggewohnte Firmeninhaber unablässig auf Schwierigkeiten hinzuweisen, insbesondere im Militärbereich. *«Politische Spannungszustände bedeuten nicht automatisch und unmittelbar Aufträge für die Rüstungsindustrie»*, sagte er, und diese Allerweltsweisheit betraf vor allem und zuvorderst die Oerlikoner Firma selber. Das Warensortiment des Rüstungskonzerns war an Grenzen der Aufnahmefähigkeit des Marktes gestossen. Der Kampfwert der 1963 zur Marktreife gelangten 35 mm-Kanone für die mittelschwere Fliegerabwehr liess sich eine Zeitlang zwar noch mit den verschiedensten Nachrüstungssätzen steigern. Tatsache bleibt, dass die Reichweite der 35 mm-Kanone auf vier Kilometer beschränkt ist und das Kaliber damit gegen Angriffe von Mittel- und Langstreckenraketen ein paar Nummern zu klein ist. Die Fledermausarten waren in dieser nischenlosen Zeit ohnehin vom Aussterben bedroht, und da machen auch Hufeisennase und Superfledermaus auf lange Sicht keine Ausnahmen. Kam dazu, dass zwei der letzten zahlungsfähigen Grosskunden Oerlikons aus dem Trikont, Irans Schah *Reza Pahlavi* und Aegyptens Präsident *Anwar as Sadat*, ausgerechnet in dieser Phase das Zeitliche segneten.

Der Firmeninhaber machte denn auch durchaus folgerichtig *«externe Faktoren»* für die Talfahrt seines Konzerns verantwortlich. Zwar war die Dividende 1980 noch nicht gefährdet, aber für die folgenden Jahre konnte in Oerlikon niemand mehr für Arbeitsplätze und renditeträchtige Portefeuilles der Kapitaleigner garantieren. Der Inhaber begann zu lamentieren und zu drohen. Insbesondere an den Staat richtete er seine Forderungen. Die Schweizer Rüstungsindustrie sei international nicht konkurrenzfähig, solange ihr vom Staat nicht vermehrt unter die Arme gegriffen würde. Mit neu erwachtem Talent für öffentliche Auftritte verlangte er vom Staat Finanzierungshilfe für Verkäufe, vermehrte Zusammenarbeit bei der Forschung und Entwicklung neuer Waffensysteme, liebäugelte mit einer ausgebauten Exportrisikogarantie (auch für die Kriegsmaterialausfuhr!) und wollte überhaupt das Gesetz über die Kriegsmaterialausfuhr *«im volkswirtschaftlichen Interesse»* gelockert haben, ebenso wie das schweizerische Steuersystem, das Gewinne bei einzelnen Konzerntöchtern abschöpfte, statt sie im Konzern selber zur Überbrückung von Durststrecken unrentabler Bereiche zu belassen. Lob hatte der Firmeninhaber einzig übrig für das Schweizer Universalbankensystem, das den Oerlikoner Konzern stellvertretend für den Staat über die Durststrecke trug, insbesondere seit der einstige Verwaltungsratspräsident der Schweizerischen Bankgesellschaft, *Philippe De Weck*, mit seinen vielfältigen Beziehungen in den Oerlikoner Verwaltungsrat eingetreten war (1982), wo er flugs zum Vizepräsidenten avancierte.

Um den Drohungen Gewicht zu geben, machte sich der Oerlikoner Konzern daran, seine Belegschaft drastisch zu verringern. *«Der Zeitpunkt ist gekommen, wo wir mit weichen Massnahmen nicht mehr weiterkommen»*, sagte der Firmenleiter und setzte in den folgenden Jahren auf harte Massnahmen: 300 Entlassungen im Oerlikoner Stammhaus (1982), 150 Entlassungen bei Contraves Zürich (1982), Schliessung der Färberei, Ausrüsterei und Beschichtung bei Hausammann + Moos Weisslingen (1982), 200 Entlassungen bei Oerlikon-Motch in Ohio/USA (1984), 130 Entlassungen und Stillegung der Hispano-Oerlikon in Genf (1984) usw.

usf. Innert vier Jahren war der Personalbestand des Konzerns von 37500 (1980) auf 30900 (1984) abgesackt.

Auch die Aktionäre mussten Haare lassen: Der Kurs der Inhaberaktie sank von einem Höchstwert von gut 3000 Franken (Ende 1980) vorübergehend bis auf 840 Franken (Ende 1982) und überschritt die Tausendergrenze erst wieder, als die harte Hand des Firmeninhabers nach aussen sichtbar wurde. Die Dividende verringerte sich ab 1980 jährlich um 5%, bis sie 1983 nicht mehr zu verringern war (0%), so aber immerhin die Aktionäre von ungeliebten Kapitalertragssteuern entband.

Für die im Konzern verbliebenen Beschäftigten folgte eine Reorganisationsphase, die die früheren Übungen (nach dem Tod des Firmengründers E. G. Bührle und nach dem Lausanner Prozess) klar in den Schatten stellte. In Oerlikon wurde fortan wieder kräftiger in die Hände gespuckt, spätestens seit der Gemeinkosten-Wertanalyse *«WO 84»*, die die verschiedenen Abteilungen straffte, aufhob oder mit anderen zusammenlegte. Parallel wurde ein Personalinformationssystem *«WOPIS»* entwickelt, das punkto Erfassung und Verarbeitung von Betriebsdaten (Ausbildung, Leistung, Präsenz und Fehlzeiten etc.) zum Modernsten gehört, was die Branche zu bieten hat.

Die freiwerdenden Mittel wurden mit einem Tempo in Forschung und Entwicklung investiert, dass es dem einstigen Firmengründer mit seiner über den Tod hinaus sprichwörtlichen Sparsamkeit wind und weh geworden wäre. Allein für die Entwicklung der Produktepalette im Militärsektor wurde in diesen Jahren eine Milliarde Franken aufgewendet, um den Anschluss an den modernsten Stand westlicher Raketentechnologie herzustellen. *«Es geht hier um Beträge, die meinem Vater die Haare hätten zu Berge stehen lassen, wenn er es wüsste»*, sagte der Firmeninhaber. Gottseidank wusste der nichts mehr davon, denn es ist nicht einmal sicher, ob der gläubige Christkatholik grünes Licht zum

Schritt ins Universum via Raketen- (Contraves) und Atomtechnologie (Balzers) gegeben hätte und ob sich dazu die harmonischen Klänge der spendierten Orgelpfeifen in der Oerlikoner Christuskirche noch vertragen hätten, die zu konventionellen Schlachtfeldern ein recht sinniges Kontrastprogramm abgeben mögen, aber angesichts der Bedrohung aus dem Weltall wie nostalgische Leierkästen neben den Schuhen stehen. Mit Martin Marietta Aerospace (USA), einem der führenden US-High-Tech-Konzerne in Sachen Lenkwaffentechnologie, der sich schon mit der Beteiligung an der Entwicklung der «Pershing 2» und am «Space Shuttle»-Programm gesundverdient hatte, wurde die Zusammenarbeit bei der Entwicklung eines polyvalenten Panzer- und Fliegerabwehrsystems für mittlere Reichweite gesucht. Die Werkzeugmaschinenfabrik Oerlikon mischt mit dem System «Taurus 3» gegenwärtig an vorderster Front der automatisierten Fertigung (CIM) mit. Contraves ist über die Entwicklung der superleichten Nutzlastverkleidung für die Trägerrakete «Ariane» ins westeuropäische Raumfahrtprogramm eingebunden. Selbst die einst biederen Stanser Pilatus-Werke bieten in der neuesten Generation der «PC»-Kampfflieger modernste elektronische Avionik. Kein Zweifel, der Oerlikoner Konzern strebt mit High-Tech-Programmen in den Bereich der Monopolgewinne zurück.

Der Not gehorchend *und* dem eigenen Triebe hat sich der Firmeninhaber Dieter Bührle nach drei Jahrzehnten im Betrieb kurz vor seiner eigenen Pensionierung einen Bubentraum wahrgemacht: Er reibt sich die Augen und vor ihm steht der Riesenkäfer mit dem NATO-Emblem und einem fehlenden Beinchen. Dieterchen ist zur Mondfahrt zu überreden, gemeinsam wird sich dem Russ' im Mond dieses Beinchen schon abluchsen lassen. 35 Jahre sind vergangen, seit die rechte Hand des Firmengründers E. G. Bührle, *Alfred Gerber*, während einem ersten längeren US-

Aufenthalt eine Artikelserie aus der «New York Times» ausschnitt und in die Heimat sandte. Es war darin nachzulesen, dass *Charles E. Wilson*, US-Defense Mobilizer, an einer der ersten NATO-Sitzungen in Den Haag von den Europäern die Aufgabe der national orientierten Rüstungsproduktion verlangt hatte, damit die Organisation auf eine *«more rational basis»* gestellt werde (12.5.51). Gerber hat sich dieses Statement archiviert, aber kaum gedacht, dass er selber in die hohen Siebziger gehen würde, bevor sich die Rüstungsdoktrin des Westblocks bis in die letzten Winkel des Zürcher Stadtkreises Oerlikon herumgesprochen hatte. Das kombinierte Flieger- und Panzerabwehrsystem «Adats» ist vor dem Hintergrund der NATO-Doktrin der konventionellen Überlegenheit der Warschaupakt-Truppen im Bereich der Panzer- und Kampfflugzeuge zusammen mit US-Hochtechnologie entwickelt worden und es ist nach den Worten des abtretenden Firmenleiters das letzte Waffensystem, dessen Entwicklungsrisiken vom Oerlikoner Konzern *allein* getragen werden können. «Seaguard» erfüllt gemäss Firmendarstellung den NATO-Auftrag der Zerstörung von 90 Prozent aller feindlichen Raketen bis 200 Meter vor dem Ziel. Beide Systeme sollen in nächster Zukunft nach den Verkäufen in Kanada (Adats) und der Türkei (Seaguard) weiteren NATO-Staaten sowie den von ihnen hochgepuschten «Schwellenländern» im Trikont angedient werden.

Es ist zu fürchten, dass sich der Oerlikoner Konzern nach zwei dividendenlosen Jahren (1983/84) und einer symbolischen Dividende von 5 Prozent (1985) in den kommenden Jahren wieder in ertragskräftigere Zonen führen lässt. Denkbar, dass es dazu nicht einmal das ohnehin leicht angekratzte Charisma des alternden Firmeninhabers im Top-Management braucht, denn die sieben Konzerngruppen und paar Untergruppen verfügen Mitte der achtziger Jahre alle über moderne Technokraten an der Spitze, denen es einerlei ist, ob sie Waffen, Mode-Accessoires oder Blutanalysegeräte verkaufen, Hotelgäste einquartieren oder Pensionskassengelder gegen den Willen der lokalen Bevölkerung verbauen, und ob die Werkzeugmaschinen, die sie montieren lassen, später «zivile» oder «militärische» Schrauben produzieren. Alle Gruppen und Untergruppen sind inzwischen soweit reorganisiert, dass sie ertragsmässig in der zweiten Hälfte der achtziger Jahre zu einer salonfähigen Dividende des Konzerns beitragen können, vorausgesetzt, ein größerer weltwirtschaftlicher Einbruch lasse sich vermeiden, was nicht ausschliesslich in Oerlikoner Kompetenz steht.

Die *«Gruppe Wehrtechnik»*, stets das starke Bein des Konzerns, hat sich mit 4400 Beschäftigten bei einem gruppenkonsolidierten Verkaufsumsatz von einer guten Milliarde Franken (1985: 1083.9 Mio. Franken) eingependelt. Ihr Zweck ist die Produktion und der Verkauf von Metallwaren aller Art: Terrestrische Fliegerabwehrsysteme, Fahrzeug- und Flugzeugbewaffnungen, Marine-Bewaffnungen, Kanonen und Munition Kaliber 20–35 mm sowie das Flieger- und Panzerabwehr-Lenkwaffensystem «Adats». Stammhaus dieser Gruppe ist die Werkzeugmaschinenfabrik Oerlikon-Bührle AG (ohne Produktelinien Werkzeugmaschinen, Industrie-Projekte und Eisenbahnbremsen). Namhafte Produktionskapazitäten bestehen zwecks Umgehung des schweizerischen Kriegsmaterialgesetzes ausserdem in Grantham GB (British Manufacture and Research Company) sowie in Mailand (Oerlikon Italiana). Gänzlich abgebaut wurden die Produktionskapazitäten der Hispano (mit 1982 noch 700 Beschäftigten) in Genf, die 1970 zusammen mit Sulzer und Heberlein übernommen wurde. Die Hispano ist geschlossen worden, weil sie angeblich *«über die Ausfuhrpolitik der Eidgenossenschaft gestolpert ist»*. Plausibler ist, dass Oerlikon schon beim Kauf einzig am technischen Know-how der automatischen 25 mm Vierlingskanone interessiert war, die mit ihrer geneigten Achse und dem dreiachsigen Richtgerät ausserordentlich beweglich für Bedrohungen aus dem Zenith ist und deshalb geradezu prädestiniert für den Einbau in das Marine-Flabsystem «Seaguard» war («Seazenith»).

Die gute Milliarde, die der Oerlikoner Konzern offiziell im Bereich der Wehrtechnik ausweist, ist erst die Vorspeise des gesamten Rüstungsengagements des Konzerns. Dazuzurechnen ist eine weitere runde Milliarde der *«Gruppe Contraves»*, deren gesamter Verkaufsumsatz von 1132.7 Mio. Franken (1985) mit insgesamt 5500 Beschäftigten zu 80 Prozent im Bereich der Militärprodukte erzielt worden ist. Die Contraves ist 1936 von den beiden rührigen Technikern Professor *Fritz Fischer* (Lehrstuhl für Physik an der ETH) und Doktor *Hans Brändli* (Sektion Schiessversuche des Bundes) gegründet worden. Sie war ursprünglich ein Gemeinschaftswerk von Bührle, den Albiswerken und der Genfer Société d'Instruments de Précision (SIP). Nach dem 2. Weltkrieg hatte von diesen dreien einzig noch E. G. Bührle die notwendigen flüssigen Mittel, um die Pionierbude im Bereich der elektronischen Kriegsführung über die verlustreichen Gründerjahre zu tragen, worauf die Albiswerke und SIP ausschieden. Contraves wurde später von E. G. Bührles rechter Hand, Alfred Gerber (Dr. Ing. ETH, Dissertation über «Grenzschichtabsaugung» am Institut für Aerodynamik) hochgebracht.

Contraves ist in einer Art Osmose mit der ETH Zürich grossgeworden und inzwischen das technologische Herzstück des Konzerns mit einem 25%-igen Anteil von Ingenieuren am gesamten Personalbestand *(«Das innovative Team»)*. An der 50-Jahrfeier 1986 waren denn auch nicht irgendwelche Vertreter von Wissenschaft und Politik geladen, sondern zwei Mahner der technologischen Innovationsfähigkeit der Schweizer Wirtschaft, ETHZ-Präsident *Heinrich Ursprung* und ein nicht minder bekannter Ostschweizer Bundesrat. Ob soviel sachlich-technologischer Rationalität darf das weibliche Element im Betrieb nicht zu kurz kommen: Contraves Zürich hat mit *Hannelore Aschenbrenner* eine der ersten weiblichen Personalchefinnen in einem Schweizer Betrieb dieser Grösse und auch das computerunterstützte Zeichenprogramm für die Konstruktion im Maschinen- und Apparatebau ist weiblich *(«Gina»)*. Ein Grossteil der Contraves-Produktionskapazität ist im Ausland aufgebaut worden (Rom, Stockach BRD, Pittsburgh USA, Malaysia). Absolut denkbar, dass eine dieser Töchter am europäischen Beitrag zum SDI-Projekt beteiligt wird, nachdem Contraves in Sachen Nutzlastverkleidung im europäischen Raumfahrtprogramm Pionierarbeit geleistet hat.

Ausser vom Bundesrat und den Nidwaldner Gewerkschaften wird von niemandem mehr ernsthaft bestritten, dass inzwischen auch der Verkaufsumsatz der Stanser Untergruppe *«Pilatus Flugzeugwerke AG»* nahezu vollumfänglich dem Sektor «Wehrtechnik» zuzurechnen wäre. Zum Gesamtumsatz von 128.8 Mio. Franken (1985) der rund 1000 Beschäftigten trugen zwar auch Einzelteile für Futtermühlen ein paar Franken bei. Kernstück der Stanser Produktion sind aber nach wie vor die Transport-, Trainings- und Kampfflugzeuge «PC-6 Turbo Porter», «PC-7 Turbo Trainer» und «PC-9 Turbo Trainer». Neben dem ebenfalls nicht unumstrittenen Einsatz als Sprühflugzeuge für Agrochemikalien (Ciba-Pilatus Aerial Spraying Co.), sind diese Flieger von Trikontregierungen mit Vorliebe zur Aufstandsbekämpfung in unwegsamem Gelände eingesetzt worden.

Den Stanser Flugzeugwerken ist der Krieg in die Wiege gelegt worden. Sie waren 1939 gemeinsam von E. G. Bührle und der Glarner Watt AG (später Elektrowatt) gegründet worden und durften 1942 bei der Einweihung der ersten militärischen Graspiste in der Region immerhin

Pilatus-Porter (nicht dem Kriegsmaterialgesetz unterstellt) der Leichten Fliegerstaffel werden die Fallschirmgrenadiere zu ihren Einsatzzielen fliegen

schon *General Guisan* und den damaligen Vorsteher des Militärdepartements, *Rudolf Minger*, unter den Gästen begrüssen. Nach Ende des Krieges erfolgte der Durchbruch mit dem «P-2», einem Schulflugzeug für Militärpiloten. Zum eigentlichen Marktrenner wurde aber in den fünfziger Jahren der «Porter», der in der Folge an allen umstrittenen Kriegsschauplätze dieser Erde auftauchte, erstmals bedient von CIA-Agenten in Laos.

Die militärische Stanser Tradition wurde in den siebziger Jahren vom «PC-7» fortgesetzt, der Zielvorrichtungen, Abzugsknopf, «konstruktive» Aufhängevorrichtungen und Holmenverstärkungen an den Tragflächen für das Mitführen von Bordwaffen schon ab Stans eingebaut hat. Trotz dieser konstitutionellen Prädisposition zum leichten Kampfflieger hat der Bundesrat den zivilen Charakter des «PC-7» immer wieder bekräftigt und sich geweigert, den internationalen Stanser Marktrenner dem Schweizer Kriegsmaterialausfuhrgesetz zu unterstellen, letztmals am 11. März 1985. Am schlagfertigsten wurde diese Weigerung vom Lausanner Historiker *Georges-André Chevallaz* begründet, der als EMD-Vorsteher darauf hinwies, dass Bomben auch in Kinderwagen mitgeführt werden könnten. Nun ist nicht bekannt, dass Schweizer Kinderwagen irgendwo im Ausland serienmässig mit Bomben, Maschinengewehren und Schnellfeuerkanonen bestückt würden, im Unterschied zum «PC-7», der bekanntermassen in der belgischen Fabrique Nationale in Herstal in dieser Art ausgerüstet wird. Die schweizerisch-belgische Koproduktion ist in den siebziger Jahren von zahlreichen Militärdiktaturen zur Aufstandsbekämpfung eingesetzt worden (Bolivien, Chile, Argentinien, Uganda, Malaysia u. a. m.), am brutalsten wohl von der guatemaltekischen Luftwaffe gegen zivile Ziele in unkontrollierbaren Regionen (1979–81). Im Golfkrieg zwischen Iran und Irak ist der «PC-7» auf beiden Seiten aufgetaucht und ebenso auch zur Niederschlagung des kurdischen Widerstands verwendet worden.

«Porter» und «PC-7» sind in den vergangenen Jahren ebenfalls an die Grenze des Marktes gestossen. Zwar ist der «PC-7» zur Ausrüstung von Milizen im Libanon, der Contras in Nicaragua und der afghanischen Mudschaheddins (sie verfügen bereits über Oerlikoner 20 mm-Fliegerabwehrkanonen) im Gespräch, aber langfristig steht seine Ablösung durch den erheblich moderneren «PC-9» ausser Zweifel. Der «PC-9» bietet den letzten Schrei in Sachen elektronisch unterstützter Navigation. Er ist stärker und schneller, aber auch wesentlich teurer als sein Vorgänger (rund 4 Mio. Franken pro Stück) und kann damit nur von Regimen angefordert werden, die gut bei Kasse oder Liebkinder westlicher Kreditorganisationen sind. Nachdem das Bundesamt für Zivil(!)-Luftfahrt 1985 die Baumuster-Zulassung für den «PC-9» erteilt hat, waren die ersten Käufer Australien (69 Expl.) und Saudi-Arabien (30 Expl.). Kaufinteresse bekundeten ausserdem die Türkei und wiederum Guatemala (nach der Wahl des «Christdemokraten» *Vinicio Cerezo* wieder US-finanziert). Die Stanser Flugzeugwerke hofften mit dem «PC-9», der sich frank und frei überallhin exportieren und erst noch beim Bund hochoffiziell gegen Exportrisiken versichern lässt, den rund 50%-igen Umsatzeinbruch von 1985 wettzumachen.

Eine weitere knappe Umsatzmilliarde wird von den beiden mehrheitlich für zivile Nutzung produzierenden *«Gruppe Maschinen»* (1985: 630.3 Mio. Franken) und *«Gruppe Schweisstechnik»* (1985: 301.0 Mio. Franken) zum Konzernergebnis beigetragen. Die Maschinen-Gruppe ist in den vergangenen Jahren am härtesten restrukturiert worden und umfasst insbesondere unter den ausländischen Tochtergesellschaften Rumpfbetriebe, die nach Kollektiventlassungen und Jahren der Reorganisation geteert und gefedert dastehen: Etwa die 1979 mit einem Personalbestand von 1680 Beschäftigten übernommene Motch and Merryweather Machinery Co. Ohio, die nach verschiedenen Rosskuren heute noch 600 Leute beschäftigt. Oerlikon erhoffte sich von dieser Akquisition den Sprung in den US-Markt für Werkzeugmaschinen, wird diesen Sprung nach jahrelangen Verlusten nun allenfalls japanischen Firmen ermöglichen, mit denen gemeinsame Vertretungen, Lizenzproduktionen und Joint Ventures gesucht werden. Gerupft steht in dieser Gruppe auch die bundesdeutsche Boehringer GmbH da, spezialisiert auf *«numerisch gesteuerte Drehzentren»*, wie die einstigen Drehbänke zeitgemäss heissen. Als Teil der westdeutschen Maschinenindustrie wurde Boehringer 1984 zwangsläufig auch in den Arbeitskampf der IG Metall um die 35-Stundenwoche hineingezogen und nicht zuletzt deshalb von Oerlikon mit besonders harter Hand angelangt. Die unrentable Giesserei in Göppingen wurde kurzerhand geschlossen, der Personalbestand von 1680 auf 1300 reduziert. Ebenso tatkräftig reorganisiert wurde die Schweisstechnik-Gruppe, wo im Jahre 1985 gleich jeder dritte Beschäftigte «abgebaut» wurde (Personalreduktion um 29.8 Prozent auf total noch 1600 Personen). Dies entsprach dem allgemeinen Trend zur Mechanisierung und Automatisierung der metallverarbeitenden Industrie, den die Konzerngruppe mit der Produktion von Schweissrobotern eigendynamisch unterstützt.

In der Grauzone zwischen militärischer und ziviler Produktion operiert die *«Gruppe Balzers»* mit einem Jahresumsatz von 428.2 Mio. Franken und 3000 Beschäftigten (1985). Die Liechtensteiner Spezialitäten aus der Vakuum-Verfahrenstechnik und der Sparte «Dünne Schichten» eignen sich zur Veredelung all dessen, was dem Teufel vom Karren gefallen ist: Atomtechnologie, Luft- und Raumfahrt, Biotechnologie u. a. m. Die Balzers AG hat wiederholt am Bau von Uranschmelzanlagen mitgewirkt und stellt auch Analysegeräte zur Ueberwachung der Urananreicherung her. Unternehmensmitbegründer *Max Auwärter* wurde nach seinem Ausscheiden aus der Firma als erster *«ständiger Delegierter des Fürsten für Fragen der Atomtechnologie»* nominiert.

Zum tendenziell zivilen Bereich gehören auch die *«Industrie-Projekte Oerlikon»* (IPO). Im Rahmen ihres kommerziellen Programms hat diese Generalunternehmung der Werkzeugmaschinenfabrik Oerlikon im Bereich des Anlagebaus in der Vergangenheit schlüsselfertige Fabriken in Pakistan, Argentinien, Algerien und Irak aus dem Boden gestampft, während ein Fabrikbau in Singapur bevorsteht. Die Generalunternehmung im Fabrikbau hatte 1950 im indischen Bangalore begonnen, wo der Sohn des Firmengründers noch persönlich zum Rechten zu sehen hatte, dabei aber von Nehrus Reserviertheit gegenüber Ausländern schwer enttäuscht war. Zu reden gegeben hat später insbesondere der Auftrag zum Bau von vier Fabriken in Algerien, wo die Schweizer Experten gegenüber den Einheimischen nicht immer den nötigen Takt walten liessen, vielleicht, weil allein schon ihr Taschengeld die lokalen Löhne um das Dreifache überstieg. Differenzen um den Zahlungsmodus der staatlichen «Sonacome» (Société Nationale de Construction Mechanique) führten vorübergehend sogar zu einem Teilrückzug der Schweizer Experten, die nach einer gütlichen Regelung aber wieder zur Hälfte bis zur schlüsselfertigen Übergabe an die Algerier zurückbeordert werden konnten (Ende 1983). Wieviel die Oerlikoner Verantwortlichen von der einheimischen Bevölkerung im Trikont halten, bewiesen die internen Weisungsblätter DA 403 505 für Einsätze in Algerien: Die Algerier werden darin als *«neidisch»* und *«staatsbürgerlich ungeschult»* beschrieben (Blatt 2), für die Ausbildung von Facharbeitern und Kaderstellen würden sich hauptsächlich *«junge einheimische Kräfte»* eignen, die nicht *«durch ungeeignete Erfahrung für die Ausbildung zu neuen Methoden bereits verdorben sind»* (Blatt 6).

Ein Stück innerschweizerische Kolonialgeschichte widerspiegelt die *«Gruppe Bally»*. Die Art, wie das Schönenwerder Familienkapital der alternden Bally-Dynastie via Finanzkapital *(Werner K. Rey)* und Vermittlung des damaligen Nationalbank-Präsidenten *Fritz Leutwiler* in die anonyme Zürcher Rüstungsholding eingebracht wurde, liest sich wie aus dem Lehrgang über Entwicklungsstufen des Kapitalismus. Was im Solothurnischen nicht niet- und nagelfest war, wurde verwertet, der Erlös in die Innovationsfinanzierung des Zürcher Konzerns gesteckt. Die Bally-Publikumsaktionäre durften ihre Aktien gegen Namenaktien der Holding zum damaligen Höchstkurs tauschen, der seither um rund 50 Prozent gefallen ist. Neun Jahre nach Übernahme durch Oerlikon-Bührle (1977) haben die Bally-Schuhe Qualität durch Design ersetzt und damit die Vision der Werbeagentur Wiener + Deville aus dem Jahre 1976 wahrgemacht: Jedes Paar Schuhe hat Sonnen- *und* Schattenseite. (Die Bally-Reklame hat inzwischen ihr Plätzchen im New Yorker Museum of Modern Art bekommen.) Die Bally-Gruppe erzielte ihren Verkaufsumsatz von 1214.3 Mio. Franken mit insgesamt noch knapp 11 000 Beschäftigten, will diesen Bestand aber in den kommenden Jahren nach Abschluss der «Sanierung» der Gerberei in Brasilien (Cortume Carioca S. A.) und Einführung von computerunterstütztem Zeichnen in der Fertigung sowie magnetischer Einlesung der Ladenpreise ebenfalls reduzieren.

Bliebe noch zu berichten über die eher unbedeutend gewordene *«Gruppe Textil»* (1985: 154 Mio. Franken Umsatz mit 1000 Beschäftigten), die ihre grosse Reorganisation schon Ende der siebziger Jahre hinter sich hatte, die *FBW Fahrzeug AG Wetzikon*, die nach dem Erwerb durch Bührle rasch zur Montagehalle von Mercedes-Benz degradiert wurde und zuletzt einzig noch die Planetengetriebe für die Saurer-Lastwagen in der gemeinsam mit Daimler-

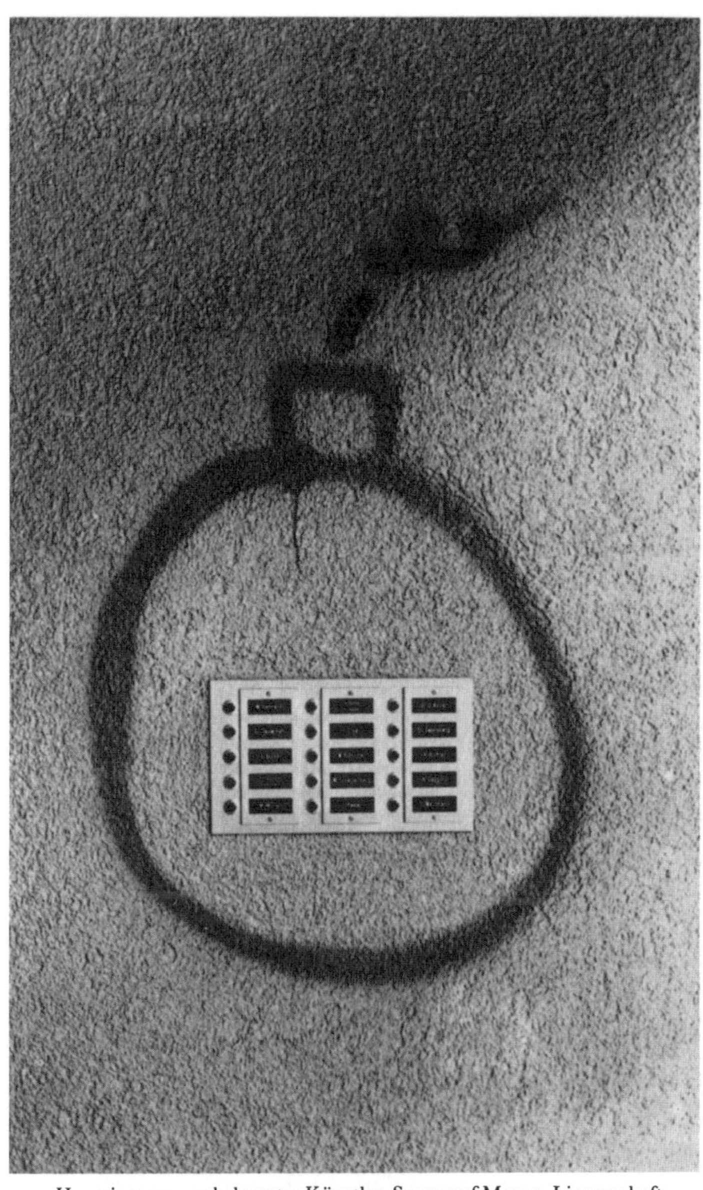

«Hauseingang», unbekannter Künstler, Spray auf Mauer, Liegenschaft der Oerlikon-Bührle-Holding, Ausschnitt

Benz und Saurer getragenen Nutzfahrzeuggesellschaft Arbon & Wetzikon (NAW) selber produzierte. Die *«Untergruppe Immobilien»* macht sich in der Grossagglomeration Zürich überall dort unbeliebt, wo sie von den Bewohnern nicht gerufen wurde: Am Stauffacher, am Bahnhof Wiedikon, an der linksufrig von der Limmat gelegenen Schipfe und am benachbarten Münsterhof. Die *«Untergruppe Hotels»* schliesslich mischt in der nach wie vor unterdotierten Zürcher Luxuslogierklasse für Touristen und in der Konferenzraumvermietung tüchtig mit (Hotel Storchen, Airport, Hotel Zürich). Die Storchenbar ist schon beinahe zu einem Treffpunkt von Künstlern und «Insidern» geworden, eine Art «Malatesta» der höheren Einkommensklasse. Nach der Übernahme des neu renovierten Ascot-Hotels in der Enge können ausserdem keine Zweifel darüber bestehen, dass die noch immer im Umlauf befindlichen «Rolling Stones» während einem allfälligen weiteren Zürcher Auftritt zu einem «Beggars' Banquet» in einem Hotel des Oerlikoner Rüstungskonzerns absteigen werden.

So geht denn in Oerlikon am Ende des Jahres 1986 alles seinen geordneten Gang. Der vor der Pensionierung stehende Firmeninhaber darf auf ein rundes Lebenswerk zurückblicken. *«Ich habe mir in den letzten 10 bis 15 Jahren viele Detailkenntnisse angeeignet»*, meinte er kürzlich gegenüber einem Wirtschaftsjournalisten. Er hatte zwar erfahren müssen, dass auch Kanonen nicht in den Himmel wachsen, aber, wie es scheint, wird nun sein dritter grosser Anlauf, in die Reichweite der Raketentechnologie vorzustossen, nach den beiden Flops in den sechziger Jahren mit der Fliegerabwehrrakete «Kriens» und der Panzerabwehrrakete «Mosquito» kommerziell nicht schlecht entschädigt werden. Der Sohn und Nachfolger des Firmengründers hatte nicht nur zwei Seelen in seiner Brust, er hatte in seiner flexiblen Juristenpersönlichkeit mit historischen und aktuellen Interessen die Berufe eines Werkzeugbauers,

Schuhmachers, Bankiers, Hoteliers, Kanonen- und Raketenbauers verdichtet. Logisch, dass sein absehbarer Rücktritt aus den direkten Exekutivfunktionen deshalb nun eine polyvalente Lücke hinterlassen wird, die nur durch eine sorgfältige Vivisektion dieser Berufsrollen auf die verschiedenen Gruppenleiter geschlossen werden kann. Es wird des Konzerninhabers wachsamem Auge überantwortet bleiben, das labile Gleichgewicht zwischen ziviler und militärischer Produktion konzernweit zu überwachen. Das Konzerngleichgewicht müsste sich – soviel hat die Vergangenheit gezeigt – risikogerecht bei 1 : 1 einpendeln, auch wenn für 1985 beschönigend nur ein Rüstungsanteil von 33.5 Prozent offiziell ausgewiesen wird (ohne Pilatus, Balzers etc.). Irgendwann ist laut Überlieferung auch Peterchen wieder erwacht, hat sich die Augen gründlicher gerieben und feststellen müssen, dass es gar nicht so einfach ist mit dieser Mondfahrerei und er hundskommun wie du und ich im Bettchen lag, von wo aus wir uns alle dereinst mit derselben irdischen Vergänglichkeit zu verabschieden haben.

Ehrentafel

Arbeiter und Angestellte der Werkzeugmaschinenfabrik Oerlikon

NACHWORT
DYNASTIE OHNE ENDE

EIGENTÜMLICH GEGENWÄRTIG IST MIR DER MOMENT, IN WELCHEM WIR AUF DER TREPPE *dem blonden Enkel im Arm seiner Wärterin begegneten, da geschah dem kampfgewohnten Täter, dem vier Jahre Weltkrieg, wie er sagte, die Haut gegerbt hatten, etwas Überraschendes. Er erschien völlig umgewandelt, die Schlagbereitschaft, die wache Entschlusskraft, der unbändige Willen traten zurück, und eine sinnende, aus Liebe und stolzer Freude gemischte Überraschung, ein aufleuchtendes Erstaunen ergriffen von ihm Besitz.»* Der Basler Historiker *Carl J. Burckhardt* bewies in der Schilderung seiner letzten Begegnung mit dem Firmengründer erstaunliche Weitsicht, auch wenn er dessen aufleuchtendes Erstaunen damals noch nicht zu deuten wusste: 66 Jahre nach dem Abbruch des Kunststudiums durch den nachmaligen Reichswehradjutanten, Grossindustriellen und Grossvater nahm sein nachgeborener Enkel *Christian* das Studium der Kunstgeschichte wieder auf. Seine im Range des Soldaten beendete militärische Laufbahn und sein Interesse an der barocken Kunst lassen füglich vermuten, dass sich die Familie nach einem halben Jahrhundert der Schlagbereitschaft wieder in die Kunst zurückgezogen habe. Auch die Enkelin *Carol Isabella* hat vereinzelte Semester Kunstgeschichte und Romanistik absolviert. Sie war früh schon in dem zur Privatholding gehörenden Artemis Verlag tätig, interessiert sich für Kultur und Golf und scheint ebenfalls ernsthaft mit der Rüstungstradition in der Familie brechen zu wollen.

Die Buddenbrook'sche Dynamik auf den Kopf gestellt hat nun aber seit dem neuen Jahrtausend der dritte Enkel *Gratian Béla Anda*. Der Nachkomme in der Tochterlinie wäre als Sohn eines weltberühmten Pianisten eigentlich zu musischem Talent verpflichtet. Allein, er foutierte sich in nahezu antiautoritär anmutender Weise um das in die Wiege gelegte Talent und überlässt es der «Géza Anda-Stiftung» zu Ehren seines Vaters, alle drei Jahre einen Klavierwettbewerb für junge Pianistinnen und Pianisten auszuschreiben. Dem Sieger oder der Siegerin winkt ein Preis in Höhe von 30 000 Franken – eine schöne Verbindung von Geld und Geist, die auch dem Grossvater gefallen hätte. Und die Stiftung zeigt damit auch, dass sie etwas von Wettbewerb versteht: Der «Concours Géza Anda» soll zu den härtesten Klavierwettbewerben der Welt gehören. Auch das hätte dem Grossvater gefallen und mit ihm auch dem Klassiker der politischen Ökonomie, Adam Smith: Um die Bedürfnisse der Zuhörenden optimal zu befriedigen, muss ein Wettbewerb freier und rechtlich gleicher Produzenten herrschen.

Dieser Enkel hat sich seine Sporen als Elektroingenieur an der ETH abverdient und sich danach das klassische Rüstzeug der Ökonomie bei der Unternehmensberatung McKinsey geholt. Kurz nach der Jahrtausendwende übernahm er den Vorsitz der Familienholding «IHAG». So entging die Familie dem Schicksal anderer Dynastien, in der vierten Generation zu verarmen. Um ein Haar hätte «Onkel Dida» mit dem ambitionierten Lenkwaffensystem «ADATS» das Tafelsilber aufs Spiel gesetzt. Nach hohen Entwicklungskosten und dem Ausbleiben grosser Kunden resultierte unter dem Strich ein Verlust von 2,5 Milliarden Franken. Gratians Mutter konnte rechtzeitig Gegensteuer geben, die Gruppe stieg aus der Waffenfabrikation aus, und so liess sich das Familienvermögen retten. Die zweite Generation ist inzwischen verstorben.

Bald hundert Jahre nachdem die Magdeburger Werkzeugmaschinenfabrik ihren jungen Prokuristen Emil Georg Bührle im Interesse der Aufrechterhaltung der deutschen Wehrbereitschaft nach Zürich geschickt hat, schätzt das Wirtschaftsmagazin «Bilanz» das Familienvermögen im Jahr 2020 auf 1 bis 1,5 Milliarden Franken. Darin enthalten sind eine Privatbank, Firmenbeteiligungen und im Anda-Zweig auch ein paar Werke von van Gogh und Picasso, die man neben der bald im Kunsthaus präsentierten Sammlung im Privatbesitz behalten hat und deren Wert vorsichtig auf mehrere hundert Millionen veranschlagt wird.

Die dritte Generation ist inzwischen gänzlich unmilitärisch unterwegs – es sei denn, man rechnet die Pilatus-Werke mit ihren vielseitig einsetzbaren Kleinflugzeugen teilweise noch dem Militärgeschäft zu. Dort ist die Familie Ankeraktionärin geblieben, Gratian Anda als Vizepräsident des Verwaltungsrates eine wichtige Stimme. Inzwischen ist der zivile Business- und Regierungs-Jet «PC-24» das Prunkstück der Firma, seit kurzem ist auch die Schweizer Regierung damit ausgerüstet. Stellt man nicht kleinlich dessen Klimaauswirkungen mit in Rechnung, so ist der «PC-24» moralisch unverdächtig. Aber noch immer gibt das andere Engagement der Pilatus Flugzeugwerke mehr zu reden: Als der Bundesrat 2019 der Stanser Fabrik die Wartungsarbeiten am «PC-21» in Saudi-Arabien und den Vereinigten Emiraten untersagte, weil diese Staaten aktiv am Krieg in Yemen beteiligt waren, demonstrierte in Stans eine Gruppe aufrechter Lokalpatrioten gegen diese mutwillige Zerstörung von Arbeitsplätzen in der Region.

Im Übrigen hat die Dynastie den Ausstieg aus dem Rüstungsgeschäft gut verdaut. Ihr Hauptinteresse gilt inzwischen der Kultur mit der Stiftung «Sammlung E. G. Bührle», der «Géza Anda-Stiftung» und der «Karan Stiftung». Zählt man das Engagement der Familienholding in Fünfsternehotels und Gourmetrestaurants auch zum Kulturengagement im weitesten Sinne, so *ist der Dynastie die Rüstungskonversion weitgehend geglückt.* Mit «The Living Circle» betreibt sie eine naturnahe Hotellerie- und Gastrokette, zu der die Zürcher Nobelhotels «Widder» und «Storchen», das «Alex» in Thalwil gehören sowie das «Castello del Sole» in Ascona – laut Eigenwerbung *«eine Landschaft, wie sie Monet nicht schöner hätte malen können»*.

Diese Hotelkette behauptet sich mit ihren Gourmetküchen so gut im Ranking der besten Schweizer Hotels wie einst die werkseigene 20mm-Kanone und das 35mm-Zwillingsgeschütz im Ranking der erfolgreichsten Fliegerabwehr ihrer Zeit. Während damals die besten Ballistiker in die Familienfirma geholt wurden, sind es heute die besten Touristiker: Jürg Schmid etwa, vormals Direktor von Schweiz Tourismus, heute Vizepräsident des «Living Circle». Auf Bauernhöfen, wo einst Bührle-Kanonen in Stellung gingen, gehen nun Rinder in Stellung, grüne Tarnnetze sind unnötig geworden, denn hier wird tatsächlich Gemüse und Salat angepflanzt. Das neudeutsche Zauberwort heisst nicht mehr *«Counter Air Defense»*, sondern *«Farm to Kitchen»*.

Auch Enkel Christian hat sich inzwischen ganz der Umweltwissenschaft verschrieben und im urbanen Gartenbau vertieft. Daneben widmet er sich den schönen Seiten der grossbürgerlichen Tradition in der Zürcher Limmatstadt, eines seiner Bücher zeigt die Prachtgemächer, die einst der Komponist Richard Wagner in Zürich bewohnte. Der Grossvater würde es ihm danken, Wagner hat der deutschen Hochkultur jene Grandiosität gegeben, die er selber als Angehöriger des Reichskorps einst gegen die Kommunisten verteidigte. Ferner widmet sich Enkelin Carol Isabella den schönen Seiten des Lebens, ihre Kunst ist das Golfspiel. Mit einem Handicap von 11,5 puttet die ehemalige Präsidentin der «Swiss Senior Ladies Golf Association» die Bälle auf dem Green in Zumikon mit der Präzision der ehemaligen Werkzeugmechaniker in Oerlikon. Und sie sponsert aus dem Familienvermögen das eine oder andere Golfturnier grosszügig.

Ein letztes Reputationsrisiko bleibt der Familie: Es ist die hauseigene Privatbank, einst Finanziererin von Industrie und Handel, später in der steuerlich heiklen Vermögensverwaltung für ausländische Kunden engagiert. Aufgeschreckt durch frühere Risiken hat sie der letzte wirtschaftlich aktive Enkel im vergangenen Jahr auf ein vernünftiges Mass redimensioniert, rund ein Fünftel der Belegschaft musste abtreten. Aber wir reden hier nicht mehr von den grossen Zahlen: Standen 1980 noch gegen 40 000 Beschäftigte unter der Ägide dieser Dynastie, so sind es aktuell noch ein paar hundert. Bleibt einzig die Kunst, um die Dynastie unsterblich zu machen. Die Ausstellung der Meister- und Liebhaberstücke aus der «Sammlung Emil Bührle» ist ab 2021 Herzstück des Erweiterungsbaus des Zürcher Kunsthauses. Der Schritt in die Öffentlichkeit drängte sich auf, weil die Sammlung aus Objekten mit Schöpferzeiten vom Mittelalter bis zur Moderne in einem Privathaus nicht mehr ausreichend geschützt werden konnte, wie ein Überfall 2008 gezeigt hat, wo dreiste Räuber am helllichten Tag so rasch mal vier Bilder im Wert von 180 Millionen Franken abtischten. Glücklicherweise wurden die Gemälde von Monet, Degas, Cézanne und van Gogh vier Jahre später wieder aufgefunden, das Kunsthaus wird sie nun mit modernster Technik und genügend Personal sicher beherbergen. Dafür hat die Stadt gegenüber den Wünschen der Familie alle Konzessionen gemacht, die ihr vertretbar schienen, die Werkgruppe aus dem historischen Zusammenhang anderer Werke jener Zeit genommen und ihr den prominentesten Ort im Chipperfield-Gebäude gegeben. Nicht verzichten will sie angeblich auf vorbehaltlose Transparenz, wie diese Sammlung entstanden ist und wo es ungeklärte Dunkelstellen gibt. Die Geschichte wird es zeigen. Über allem steht der Stiftungszweck der Sammlung, das Ansehen des Gründers hochzuhalten. Dafür will die Familie in der dritten und vierten Generation sorgen, keiner der familienfremden Stiftungsräte ist ohne Zustimmung eines Mitglieds der Dynastie zeichnungsberechtigt.

Die «Bührle Saga» wird so auch im 21. Jahrhundert weitererzählt. Und erst noch richtig *globalisiert* werden: Touristinnen und Touristen aus aller Welt, mit dem nötigen Kleingeld im Altstadthotel «Widder» untergebracht, werden Paul Cézannes und Claude Monets malerisches Talent im Kunsthaus-Erweiterungsbau des britischen Architekten David Chipperfield bestaunen, sich am Abend vom deutschen Starkoch Stefan Heilemann bewirten lassen und sich beim «Perrier Jouët Belle Époque Blanc de Blancs» fragen, wie diese Bildklassiker ausgerechnet nach Zürich gekommen sind.

Eine exklusive Dividende der Schweizer Neutralität von Fall zu Fall.

S. 8, 9 Stills aus der Sendung «Blickpunkt» vom 15.6.1981 des Schweizer Fernsehens SF (seit 2011 Schweizer Radio und Fernsehen SRF)

S. 13 Fotografie, aufgenommen 1943 in Zürich, KEYSTONE/PHOTOPRESS-ARCHIV/Str

S. 14 *u*, 15 *o*, 44, 62 *u*, 63 *u*, 126, 127, 150 Die Bildquellen konnten leider nicht ermittelt werden

S. 14 *o*, 25, 29 *u*, 109, 112 *u*, 113 *u* O. Schmid

S. 15 *u*, 71 Otto Charles Bänninger, Marmorbüste Emil Bührle, 1956/57 angefertigt im Auftrag der Stadt Zürich, © Christian Bänninger, Zürich; der Hut auf S. 71 wurde vom Autorenkollektiv aufgesetzt und gehört nicht zur Büste

S. 22 Edouard Manet, «Le Suicidé», um 1877, Öl auf Leinwand, 38 × 46 cm, Sammlung Emil Bührle

S. 28 *o* Quellen zur Oerlikoner Chronik, Ausstellung März 1981

S. 28 *u* «50 Jahre Werkzeugmaschinenfabrik Oerlikon, Bührle & Co. Zürich/Oerlikon. Jubiläumsausgabe der Werkmitteilungen», Jg. XVI, Nr. 4, November 1956, S. 65

S. 29 *o*, 34 Fotoalbum «Herrn Dr. Emil Landolt, Stadtpräsident: Zur Erinnerung an die 50-Jahrfeier der Werkzeugmaschinenfabrik Oerlikon Bührle & Co. vom 19. Oktober 1956», Stadtarchiv Zürich Bibl. Dc Oe 32, Beilage 1

S. 42 «Schweizerische Handelszeitung», 5.2.1942

S. 45, 53 Schweizerischer Metall- und Uhrenarbeiterverband, Sektion Zürich, SMUV-Sekretariat Oerlikon

S. 52 *o*, 56, 112 *o* «50 Jahre Werkzeugmaschinenfabrik Oerlikon. Jubiläumsschrift», Redaktion von Hans Bänninger, Generalsekretär der Werkzeugmaschinenfabrik Oerlikon, Bührle & Co., Zürich 1957, S. 58, 40, 209

S. 62 *o* Claude Monet, «Le Dîner», 1868/69, Öl auf Leinwand, 50 × 65 cm, Sammlung Emil Bührle

S. 63 *o* Auguste Renoir, «Les Moissonneurs», 1873, Öl auf Leinwand, 60 × 73 cm, Sammlung Emil Bührle

S. 67 Bildmontage von W. Suttner mit: Hans Leinberger Werkstatt, «Der Heilige Georg zu Pferd im Kampf gegen den Drachen», ca. 1520, Holz, H: 78 cm, Sammlung Emil Bührle

S. 76, 77 «Neue Zürcher Zeitung», Abendausgabe, 23.12.1940

S. 82, 83 «Zürcher Woche», 17.1.1969

S. 100 Bildmontage von W. Suttner mit: Edgar Degas, «Madame Camus au piano», 1869, Öl auf Leinwand, 139 × 94 cm, Sammlung Emil Bührle; die Originaldarstellung wurde horizontal gespiegelt

S. 105 Fotografie, aufgenommen am 17.12.1964, KEYSTONE/PHOTOPRESS-ARCHIV/Baumann/Bruell

S. 111 «aktuell. Personalzeitschrift der Werkzeugmaschinenfabrik Oerlikon-Bührle AG», Nr. 3/78, S. 4

S. 113 *o,* 118 «Bilanz», Nr. 9/79

S. 140, 141 Fotografien, aufgenommen am 28.11.1970, KEYSTONE/PHOTOPRESS-ARCHIV/Str

S. 151 «Werkmitteilungen. Werkzeugmaschinenfabrik Oerlikon, Bührle & Co., Zürich-Oerlikon», Jg. XIV, Nr. 1, März 1954, S. 2; «Oerlikon Bührle. Zeitschrift für die Mitarbeiter des Oerlikon-Bührle-Konzerns», Jg. 11, Nr. 7, April 1968, S. 9 (ähnlich); «aktuell. Personalzeitschrift der Werkzeugmaschinenfabrik Oerlikon-Bührle AG», Nr. 1/77, S. 3

S. 163 «Oerlikon Bührle. Zeitschrift für die Mitarbeiter des Oerlikon-Bührle-Konzerns», Jg. 1, Nr. 5, September 1967, S. 41

S. 169 G. Staub

S. 172, 173 Bildmontage von W. Suttner mit: Mitarbeiterporträts aus verschiedenen Ausgaben von «aktuell. Personalzeitschrift der Werkzeugmaschinenfabrik Oerlikon-Bührle AG», z. B. aus den Sparten *«wir gedenken»*, August 70, S. 21 und Oktober 70, S. 22 sowie *«Thema des Monats»*, Nr. 1/72, S. 23

AUTORSCHAFT

Die erste Auflage der «Bührle Saga» im Jahr 1981 wurde von Ruedi Christen, Dölf Duttweiler, Res Strehle und Jürg Wildberger dokumentiert, recherchiert und verfasst. Das Zwischenwort von Frau zu Frau schrieb Rosa Liechtenstein (das Pseudonym wurde später gelüftet). Otmar Schmid und Wolfgang Suttner trugen Fotos und Bildmontagen bei.

Eine zweite Auflage, aktualisiert von Res Strehle, erschien 1986.

Die Neuausgabe von 2021 wurde von Dölf Duttweiler und Res Strehle durch ein neues Vor- und Nachwort ergänzt.

DÖLF DUTTWEILER, geboren 1954, ist als unabhängiger Filmemacher mit der eigenen Konzeptbox GmbH unterwegs. Er war Reporter, Korrespondent und Magazin-Produzent von SRF.

RES STREHLE, geboren 1951, leitet das Qualitätsmonitoring der Tamedia. Er war Chefredaktor beim «Tages-Anzeiger».

RUEDI CHRISTEN, geboren 1952, ist Inhaber von Rudolf Christen Kommunikation. Er arbeitete als Frankreich- und Bundeshaus-Korrespondent für SRF, leitete verschiedene Kommunikationsdienste der Bundesverwaltung sowie der Uno-Vertretung in New York.

ROSA LIECHTENSTEIN (alias Isolde Schaad), geboren 1944, gehört zu den namhaften Schweizer Autorinnen der 68er-Generation. Ihre Bücher wurden mehrfach ausgezeichnet und für ihr literarisches und publizistisches Schaffen erhielt sie die Goldene Ehrenmedaille des Kantons Zürich.

OTMAR SCHMID, geboren 1945, ist Fotograf, Kameramann und Regisseur.

WOLFGANG SUTTNER, 1938–2015, war Theologe, Theater- und Filmregisseur.

JÜRG WILDBERGER, geboren 1950, ist Kommunikations- und Wirtschaftsberater bei Hirzel.Neef.Schmid.Konsulenten. Er war Chefredaktor von «Facts» sowie der «Weltwoche», gründete das SRF-Nachrichtenformat «10 vor 10», konzipierte und leitete TV3.

Dieses Buch wurde mit finanzieller Unterstützung durch den Förderverein des Limmat Verlags realisiert.

Im Internet
› Informationen zu Autorinnen und Autoren
› Hinweise auf Veranstaltungen
› Links zu Rezensionen, Podcasts und Fernsehbeiträgen
› Schreiben Sie uns Ihre Meinung zu einem Buch
› Abonnieren Sie unsere Newsletter zu Veranstaltungen und Neuerscheinungen
› Folgen Sie uns

Das *wandelbare Verlagsjahreslogo* auf Seite 1 zeigt Leselampen aller Art, Linoldruck von Laura Jurt, Zürich, laurajurt.ch

Der Limmat Verlag wird vom Bundesamt für Kultur mit einem Strukturbeitrag für die Jahre 2021–2024 unterstützt.

Druck und Bindung: Friedrich Pustet, Regensburg

3. ergänzte Auflage 2021

ISBN 978-3-03926-026-3

www.limmatverlag.ch